本书由国家民委西部地区特色农产品营销创新团队项目支持

经管文库 · 管理类

前沿 · 学术 · 经典

城市公共交通绩效评价研究

RESEARCH ON PERFORMANCE EVALUATION
OF URBAN PUBLIC TRANSPORT

李学文 著

经济管理出版社
ECONOMY & MANAGEMENT PUBLISHING HOUSE

图书在版编目（CIP）数据

城市公共交通绩效评价研究/李学文著 . —北京：经济管理出版社，
（2023.8 重印）

ISBN 978-7-5096-8939-4

Ⅰ.①城…　Ⅱ.①李…　Ⅲ.①城市交通—公共交通系统—经济绩效—研究　Ⅳ.①F570

中国国家版本馆 CIP 数据核字（2023）第 016043 号

组稿编辑：王　洋
责任编辑：王　洋
责任印制：黄章平
责任校对：张晓燕

出版发行：经济管理出版社
　　　　　（北京市海淀区北蜂窝 8 号中雅大厦 A 座 11 层　100038）
网　　址：www. E-mp. com. cn
电　　话：（010）51915602
印　　刷：北京厚诚则铭印刷科技有限公司
经　　销：新华书店
开　　本：720mm×1000mm/16
印　　张：11
字　　数：201 千字
版　　次：2023 年 2 月第 1 版　　2023 年 8 月第 2 次印刷
书　　号：ISBN 978-7-5096-8939-4
定　　价：98.00 元

前　言

目前，我国经济正处于高速发展的阶段，随着城镇化建设步伐的加快，城市公共交通资源的供需矛盾日渐突出，随之而来的交通拥堵、环境污染、交通安全等问题受到了越来越多的关注，这些问题严重影响了城市公共交通的可持续发展，与此同时也给城市公共交通管理者提出了新的要求。国务院于 2012 年发布了《关于城市优先发展公共交通的指导意见》，要求缓解交通拥堵，转变城市交通方式。交通运输部于 2014 年下发了《关于全面深化交通运输改革的意见》，指出要完善交通运输管理体制，深化交通大部门体制改革，探索公共交通引导城市合理发展的新模式。虽然我国城市公共交通发展速度很快，但是在公共交通发展中存在诸多问题，如垄断化运营还是市场化运营、集中化管理还是分散化管理孰优孰劣存在分歧，绩效管理水平相对较低，缺乏科学合理的绩效评价标准和评价方法，存在财政补贴不公平、公交企业的投入和产出比例失调的情况。与此同时，缺少竞争的运营方式和职责不清晰的管理方式导致运营企业在经营中丧失主动性和积极性，企业不再以提高运营服务质量为主要目标，转而追求扩大规模等无序浪费的方式"制造"亏损，使得公共交通使用者满意度下滑。在此背景下，系统而深入地研究城市公共交通绩效评价问题，解答不同运营方式和管理方式对城市公共交通绩效评价的影响就显得十分重要。

本书在运营模式视角下对城市公共交通绩效评价问题进行了研究，将运营模式按照企业运营方式和政府管理方式两个角度进行界定，总结了两种角度下的城市公共交通运营模式特点、类别、属性和趋势，构建了面向运营模式的城市公共交通绩效评价理论框架。通过扩展已有的数据包络分析方法，提出了基于图效率的 SE-DEA-Gini 方法和基于改进的博弈交叉效率评价方法，利用这两种方法对 19 个城市 2009~2014 年的公共交通服务进行评价，在不同运营模式下得出了城市公共交通绩效评价结果。最后对评价结果进行分析，提出对策建议。本书的研究内容对城市公共交通实行可持续优先发展战略提供了理论支撑，运营方式和管理方式的定量比较为城市公共交通继续深化改革提供了思路，新的评价方法可为城市公共交通管理者开展绩效评价提供理论借鉴和实践选择。

本书的研究内容如下：

第一章主要阐述了城市公共交通绩效评价问题的研究背景和研究意义，简述了本书的主要研究内容、研究框架和创新之处。

第二章归纳和梳理了城市公共交通绩效评价问题的研究现状。给出了绩效评价的概念和框架，从绩效评价角度、评价指标和评价方法三个方面对已有的研究做了归纳和评述，总结了不同学者对上述问题的观点和存在的分歧，指出了已有研究的不足。

第三章将运营模式按照企业运营方式和政府管理方式两个角度进行界定。首先，按企业运营方式将运营模式分为垄断化运营、多元化运营和混合化运营三类，对不同的运营方式进行了比较，给出了城市公共交通运营方式的发展趋势。按政府管理方式将运营模式分为交叉管理、一体化管理和一城一交管理三类，比较了不同的管理方式，给出了城市公共交通管理方式的发展趋势。其次，为了分析城市公共交通在不同运营方式和管理方式下的绩效评价差异，给出了样本城市选择的依据。最后，从评价角度、评价方法和评价结果分析三个方面构建了面向运营模式的城市公共交通绩效评价理论框架。

第四章给出了本书的研究假设，并提出了基于图效率的 SE-DEA-Gini 方法，该方法能有效避免传统 DEA 方法同时得到多个有效决策单元的问题，保证模型总存在可行解，引入 Gini 准则可有效降低指标重要程度不一致的情况，提高了 DEA 方法的判别能力。利用该方法对我国 19 个城市的公共交通投入产出数据做了实证分析，从不同运营方式和管理方式角度出发测算了城市公共交通服务效率，分析了不同运营方式和管理方式下的效率差异。

第五章提出了改进的博弈交叉效率评价方法，该方法在通过对有效决策单元和无效决策单元施加限制的约束下降低了传统博弈交叉效率结果的不唯一性缺陷，引入正则限制条件提高了迭代算法的收敛速度。基于改进博弈交叉效率评价方法对我国 19 个城市的公共交通投入产出数据做了实证分析，从不同运营方式和管理方式角度出发测算了城市公共交通服务效率，分析了不同运营方式和管理方式下的效率差异。

第六章分析了城市公共交通绩效评价结果，提出了可行对策建议。目前，我国 19 个城市绩效评价结果偏低，采用市场导向的多元化运营方式的效率最高，实施"一城一交"改革的城市效率未必比其他方式好，对于人口规模适中的城市一体化管理方式的效率最高。针对分析结果给出了三条对策建议：确保公交优先战略的贯彻落实；引入市场竞争，建立高效的公共交通运营方式；制定职责明晰的城市公共交通管理方式。

第七章总结了本书的主要研究内容和研究结论，对未来进一步的研究方向提出了展望。

城市公共交通绩效评价是城市交通管理中重要的研究问题之一，本书的研究内容、方法和结论是对城市公共交通绩效评价理论的探索和补充，可为今后的深入研究提供理论借鉴，为公共交通运营模式改革提供决策参考。

本书在修订过程中，得到了一些学者和教师的热情帮助，在此表示衷心的感谢。本书的出版得到了"北方民族大学文库""国家民委西部地区特色农产品营销创新团队项目"的资助，在此一并致谢。

由于水平有限，书中存在不当和疏漏之处在所难免，恳请广大同行与读者给予批评和指正。

目　录

第一章　绪论

一、研究背景

近十年来，随着我国城镇化建设步伐的不断加快，城市规模进入了迅速扩张的快车道，公共交通资源的供需矛盾日渐凸显，随之而来的交通拥堵、居民出行不便、交通安全、环境污染等问题日益突出，给城市公共交通的可持续发展带来了新的挑战，同时也对城市公共交通管理者提出了新的要求。城市公共交通是和居民生活息息相关的社会公益事业，优先发展城市公共交通、加强规划和基础设施建设、改善交通条件是提高人民群众生活品质、促进社会和谐有序发展的重要举措，也成为很多国家和地区的最佳战略选择。

为促进城市公共交通与经济协调发展，原建设部于 2004 年颁发了《关于优先发展城市公共交通的意见》（建城〔2004〕38 号），提出了优先发展城市公共交通的指导方针和目标，对城市公共交通的发展原则、发展方式及发展目标提出了指导性意见，对公共交通行业进行市场化改革提出了整体要求。2006 年，原建设部等部门制定了《关于优先发展城市公共交通若干经济政策的意见》（建城〔2006〕288 号），文件强调"优先发展城市公共交通是符合中国实际的城市发展和交通发展的正确战略思想，是贯彻落实科学发展观、建设资源节约型、环境友好型社会的重要举措，是提高交通资源利用效率，缓解交通拥堵的重要手段，是构建社会主义和谐社会的重要方面"。2012 年 12 月，国务院发布了《国务院关于城市优先发展公共交通的指导意见》（国发〔2012〕64 号），文件指出"优先发展公共交通是缓解交通拥堵、转变城市交通发展方式、提升人民群众生活品质、提高政府基本公共服务水平的必然要求，是构建资源节约型、环境友好型社会的战略选择"，文件提出要树立优先发展公共交通的理念，把握科学发展的原则，明确总体发展目标，实施加快发展的政策，完善持续发展机制等指导性意见。在完善持续发展机制中指出要建立城市公共交通绩效评价制度，定期对全国重点城市公共交通发展水平进行绩效评价。

2004 年，原建设部发布了公交优先发展战略，要求对城市公共交通事业进行改革，引入竞争机制，通过公交客运线路特许经营允许不同形式的公交企业进入公交客运市场，打破国有公交企业垄断经营，形成多家公交企业竞争格局。2005 年，国务院转发了原建设部等部门联合下发的《关于优先发展城市公共交通的意见》（国办发〔2005〕46 号），文件提出优先发展城市公共交通，提高交通资源利用效率，优化公共交通运营结构，大力发展公共汽（电）车，有序开放公共交通市场，实行特许经营制度，形成"国有主导、多方参与、规模经营、有序竞争"的格局。各城市在具体的实施过程中，在公共交通市场中引入竞争，多方参与期望形成有序竞争局面，但是实施民营化运营的城市出现的罢运风波极大地影响市民日常出行和社会稳定，一些城市又陆续将私人资本退出公共交通行业，重新回到了国有企业垄断运营或国有企业绝对控股的局面，呈现出"国进民退"的改革趋势。那么，城市应该选择何种方式运营公共交通，是垄断化运营还是市场化运营？

此外，为了能在规划、协调和调配上对城市公共交通资源实行统一管理的职能，交通运输部办公厅于 2008 年印发了《地方交通运输大部门体制改革研究》和《深化中心城市交通运输行政管理体制改革研究》的通知（厅函体法〔2008〕172 号），提出了"大部门、大管理、大统筹和大协调"的改革思路，要求交通运输部门转变职能、理顺关系、创新体制。2014 年 12 月，交通运输部又下发了《交通运输部关于深化交通运输改革的意见》（交政研发〔2014〕242 号），文件指出要全面深化交通运输改革，推进交通运输治理体系和治理能力现代化，完善综合交通运输体制，深化交通大部门制改革，加快转变政府行政审批、公共服务、市场监管等职能上的改革步伐，加快推进交通运输法制建设，深化交通运输投资融资体制改革，探索改进公共交通管理方式，引导城市建立合理的发展模式。2015 年 3 月，交通运输部下发了《关于印发全面深化交通运输改革试点方案的通知》（交政研发〔2015〕26 号），提出要通过改革理顺交通运输管理体制机制，整合交通运输行政执法机构职能。建议在条件好的城市，积极探索形成"一城一交"的交通运输大部门管理体制。但是在实际运行中，管理者和运营者之间的职责并没有完全分清，管理部门管得太细，甚至插手企业微观运营，造成企业在经营中丧失主动性，过度依赖政府，"等"（等政策）、"靠"（靠政府）、"要"（要补贴）现象严重，最终公交运营发展不可持续。为此也需要明确管理者应该如何管理公共交通，集中化管理和分散化管理哪种方式更好，不同的运营方式和管理方式是否对城市公共交通绩效评价有影响。回答这些问题需要对城市公共交通的运营模式进行梳理和界定，细分不同运营模式之间的优点和不足，为进一步展开对城市公共交通绩效评价的定量研究提供理论借鉴。

近年来，随着公共交通投资建设力度的加大，人民生活水平的大幅提升，出行者外出时可供选择的出行方式越来越多样化，需要建设实惠、快捷、安全、便利的公共交通出行体系才能满足人民群众日益增长的出行需求。而且，城市规模的扩大也带来了多种公共交通运行体系（如公共汽车、快速公交系统、城市轻轨、地铁等）和多个运营企业参与运行，多种公交体系之间的竞争以及不同性质的运营企业之间的竞争也日趋激烈，行业内的竞争和企业自身的发展需求促使城市公共交通行业要加大公交投资和提升服务水平来提升自身竞争力，吸引出行者选择公共交通出行。持续增长的公共交通需求迫使公交行业被赋予了更多职能，除人货运送外，安全、准点、便捷成了新要求，此外，缓解交通拥堵、减缓大气污染、降低能源消耗以及创造就业机会等也成为公共交通的职能所在。解决这些问题可以通过加大公共交通投资建设力度、使用低能耗的公共交通工具、扩大运营企业规模来实现，但是，无论是购置新能源交通工具、开辟新的公交线路，还是建设新的公交场站，都需要有资金的大力支持，由于公交行业的准公共特性，仅依靠企业盈利来建设不切实际，目前公共交通行业的资金投入有很大一部分来源于财政补贴，补贴大多仅根据企业实际亏损发放，往往忽视了公交行业的运营水平和乘客满意程度等因素，导致对公交企业的投入和产出存在比例失调的情况。那么，如何保证公共交通管理者的投入和运营者的产出保持在合理水平之上就成为公共交通管理者和运营者关心的首要问题。回答这个问题的前提需要对公共交通绩效进行系统评价，为此建立行之有效的公共交通绩效评价方法对提高公交资源配置和利用效率，以及改进公交运营服务质量有重要的研究意义和实践价值。

随着中国经济社会改革的不断深化，城市规模不断扩大，可以预见，未来中国城市的公共交通也必将迎来高速发展和迅速转型的重要阶段，抓住机遇，迎接挑战，提升公共交通运营管理水平，提高公共交通服务质量，最终促进城市公共交通和经济社会的可持续发展。在此背景下，面向运营模式的城市公共交通绩效评价研究就显得尤为重要。

二、研究意义

当前我国城市快速发展，城市规模快速膨胀，居民出行需求和出行方式的选择更加多样化，城市中高密度的土地使用模式限制了公共交通的道路空间。特别是近年来私家车的迅速增长，城市交通拥堵日益恶化，使公共交通服务质量和满意度急剧下滑，交通拥堵问题不但直接造成了巨大的经济损失、能源浪费、环境污染，还间接损害了城市的形象，降低了城市的竞争力。如何改革现有公共交通运营模式，发展适宜本地区公共交通发展的运营模式，客观评价各城市公共交通绩效，切实落实好"公交优先"发展战略，满足城市居民日益增长的出行需求，是为城市公共交通发展提供科学、合理建议的理论依据和实践保障。

一直以来，对城市公共交通进行绩效评价及排序是管理学研究的核心和热点问题之一，针对这一问题，很多学者提出了基于不同角度的绩效评价方法，然而已有的绩效评价方法还不完善，如何提高现有评价方法的判别能力和区分水平是绩效评价问题研究中迫切需要解决的一个问题。

本书从城市公共交通运营模式的角度入手，全面系统地分析了城市公共交通绩效评价问题。从客观评价公共交通绩效出发，寻求满足居民出行需求、符合城市社会经济发展的公共交通运营模式，提出新的绩效评价方法，为城市公共交通管理者提供决策参考和可行建议。本书的理论意义与实践价值如下：

第一，城市经济社会的快速发展离不开高效的公共交通系统做支撑，高效的公共交通系统需要有序的运营模式做后盾。在此基础上，建立高效的公共交通运营方式，深化公共交通管理方式改革，制定合理的城市公共交通保障策略和措施，进而为提高城市公共交通服务质量、满足居民出行而服务。本书总结了城市公共交通运营模式，对运营模式进行了界定，通过定量分析验证了不同运营模式下的城市公共交通绩效结果差异，旨在为公共交通管理者选择适合城市自身的运营模式提供理论依据和实践导引，为探索和改进我国城市公共交通运营模式提供了新思路。

第二，建立了组合评价方法。利用组合评价方法对城市公共交通运行数据进行了实证分析，得出了不同运营模式下的城市公共交通服务效率差异。本书的研究为城市公共交通进行绩效评价及改善提供了理论保证，提供了新的评价方法，实证分析研究为城市选择不同运营模式提供了理论依据。

第三，从理论角度对现有绩效评价方法进行拓展，改进了原有的评价方法，利用改进方法对城市公共交通运行数据进行了实证分析，得出了不同运营模式下的城市公共交通服务效率差异。本书的研究为城市公共交通进行绩效评价及改善提供了理论保证和实践指导，理论研究为公共交通行业乃至其他公共行业绩效评价提供了新的方法，进一步拓展了绩效评价理论和方法的应用范围，实证分析研究为城市选择不同运营模式提供了理论依据。

三、研究内容与创新之处

（一）研究问题与研究目标

本书的研究问题主要集中在以下四个方面：

（1）对城市公共交通进行绩效评价是公共交通管理者实施公交政策和管理的前提和依据，而明确绩效评价结果与不同运营模式间的影响关系则是管理者实施公共交通政策的理论依据。深入剖析不同运营模式所带来的公共交通绩效评价差异，为合理选择公共交通运营模式提供了理论支撑和实践指导。回答上述问题首先需要对城市公共交通的运营模式进行梳理和界定，因此，对城市公共交通运营模式的界定是本书关注和拟解决的第一个问题。

（2）在绩效评价中，已有的绩效评价方法存在着诸多缺陷，如在评价中投入产出指标的重要程度不一致是否会影响最终的评价结果？是追求大而全的投入产出数据集合，还是追求最具代表性的投入产出数据集合？本书给出了一种折中做法：首先，利用投入产出指标的所有可能子集分别计算绩效评价结果后平均，得到平均意义上的绩效评价结果，消除极端情况下的评价结果，从而使得结果更具稳健性。其次，一些常用的绩效评价方法的不唯一性会降低评价方法的判别能力，能否消除这一影响呢？本书在已有评价方法的基础上提出了基于图效率的SE-DEA-Gini 评价方法，不但能够保证可行解的存在性，而且能够有效区分有效的决策单元，提高了评价方法的判别能力和区分能力。因此，对已有的绩效评价方法进行改进是本书解决的第二个问题。

（3）虽然常用的数据包络分析方法（Data Envelopment Analysis，DEA）拥有较强的比较优势被广泛应用于众多行业业绩评价之中，但该方法在排序方面的劣势也使众多学者对该方法进行了多方面的探索。作为数据包络分析方法的一种拓展，交叉效率方法不仅可以对所有决策单元进行充分排序，而且可在不需要对权重约束施加事先约束的情况下消除最优权重不现实的问题。但是，交叉效率在确定最优权重时是任意产生的，选择某一组最优权重可能使得其他决策单元受益，另一些决策单元受损，此时利用交叉效率方法进行评价和区分显然是不合理的。为解决这一问题，一些学者将博弈论引入至交叉效率评价模型中，提出了博弈交叉效率评价方法，该方法既保持了交叉效率方法充分排序和不需要对权重约束施加事先信息等优点，又额外考虑了决策单元最优权重的选择，拓展了交叉效率方法的使用范围。和交叉效率方法类似，博弈交叉效率评价方法所得结果也不能保证唯一性，导致区分决策单元的功效减弱，从而降低了评价方法的有效性，而且当决策单元数量增多时，迭代算法的收敛速度没有明显优势。那么，如何扩展已有方法提高评价方法的区分能力和收敛速度呢？这是本书关注的第三个问题。

（4）针对现有的城市公共交通运行数据，利用本书提出的绩效评价方法对城市公共交通进行评价，得到绩效评价结果。本书接下来的研究问题关注于不同运营模式对城市公共交通的影响，何种运营方式、管理方式的效率最佳？如何改善城市公共交通绩效结果？这是本书需要解决的第四个问题。

综合以上研究问题，本书以城市公共交通绩效评价为研究目标，构建了两种新的绩效评价方法，将城市按照不同运营模式进行分类，在运营模式视角下对城市公共交通的绩效进行评价，研究不同运营模式下的城市公共交通绩效结果差异，对结果进行分析，并给出对策建议。

（二）研究内容

本书的研究内容主要包括以下四个部分：城市公共交通运营模式总结和界定、基于图效率的 SE-DEA-Gini 评价方法及实证分析、改进的博弈交叉效率评价方法及实证分析和城市公共交通绩效结果分析及对策建议。具体内容如下：

第一章主要阐述了面向运营模式的城市公共交通绩效评价问题的研究背景和研究意义，简要描述了本书的研究内容、研究框架和创新之处。

第二章对城市公共交通绩效评价问题的研究进行了归纳和梳理。首先，给出了绩效评价的概念；其次，从绩效评价角度、评价体系和评价方法三方面对已有的研究做了归纳和评述；最后，总结了不同学者对上述问题的观点和存在的分歧，指出了已有研究的不足。

第三章将运营模式按照企业运营方式和政府管理方式两个角度进行界定。总结了目前城市公共交通运营方式的特点，按企业运营方式将运营模式分为垄断化运营、多元化运营和混合化运营三类，对不同的运营方式进行了比较，给出了城市公共交通运营方式的趋势。总结了目前城市公共交通管理方式的特点，按政府管理方式将运营模式分为交叉管理、一体化管理和一城一交管理三类，比较了不同的管理方式，给出了城市公共交通管理方式的趋势。为了分析城市公共交通在不同运营方式和管理方式下的绩效评价差异，给出了样本城市选择的依据。最后从评价角度、评价方法和评价结果分析三方面出发构建了面向运营模式的城市公共交通绩效评价理论框架。

第四章给出了本书的研究假设，并提出了基于图效率的 SE-DEA-Gini 方法，该方法能有效避免传统数据包络分析方法同时得到多个有效决策单元的问题，保证模型总存在可行解，引入 Gini 准则可有效降低指标重要程度不一致的情况，提高了数据包络分析方法的判别能力。利用该方法对我国 19 个城市的公共交通投入产出数据做了实证分析，从不同运营方式和管理方式角度出发测算了城市公共交通服务效率，分析了不同运营方式和管理方式下的效率差异。

第五章提出了改进的博弈交叉效率评价方法，该方法在通过对有效决策单元和无效决策单元施加限制的约束下降低了传统博弈交叉效率结果的不唯一性缺陷，引入正则限制条件提高了迭代算法的收敛速度。基于改进博弈交叉效率评价方法对我国 19 个城市的公共交通投入产出数据做了实证分析，从不同运营方式和管理方式角度出发测算了城市公共交通服务效率，分析了不同运营方式和管理方式下的效率差异。

第六章分析了城市公共交通绩效评价结果，提出了可行对策建议。目前，我国 19 个城市绩效评价结果偏低，采用市场导向的多元化运营方式的效率最高，实施"一城一交"改革的城市效率未必比其他方式要好，对于人口规模适中的城市一体化管理方式的效率最高。针对分析结果给出了三条对策建议：确保公交优先战略的贯彻落实；引入市场竞争机制建立高效的公共交通运营方式；制定职责明晰的城市公共交通管理方式。

第七章总结了本书的主要研究内容和研究结论，对未来进一步的研究方向提出了展望。

（三）研究框架

基于以上的研究内容，本书的研究框架如图1.1所示。

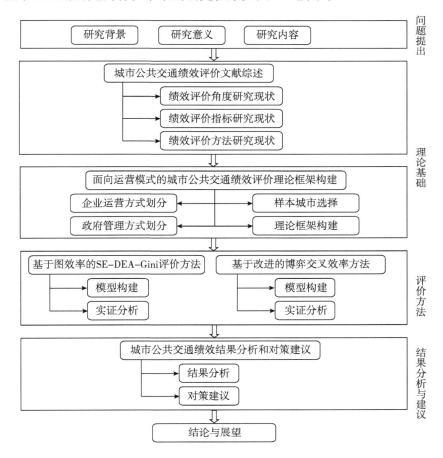

图1.1 本书的研究框架

本书首先阐述了城市公共交通绩效评价的研究背景和研究意义，然后梳理了国内外关于城市公共交通绩效评价的研究现状，归纳了我国公共交通在评价角度、评价指标和评价方法的研究现状，提出了本书所要研究的问题：城市公共交通运营模式有哪些？针对目前已有的绩效评价方法的缺陷，能否建立弥补这些缺陷的方法？城市公共交通的绩效评价结果会因为不同运营方式或管理方式受到什么样的影响？接下来，本书分别回答了这些问题。

首先对城市公共交通的运营模式进行了界定，按照企业运营方式和政府管理方式对运营模式进行了分类。接下来，建立了两种绩效评价方法，即基于图效率的 SE-DEA-Gini 评价方法和改进的博弈交叉效率评价方法，利用这两种方法对我国 19 个主要城市 2009~2014 年的公共交通投入产出数据做了实证分析，分别从整体角度和运营模式角度对城市公共交通绩效进行评价，得出了不同的运营模式对城市公共交通绩效结果的影响。基于实证分析结果，提出了改善绩效结果的对策建议。最后，我们对本书进行了总结，并对未来可以继续研究做了展望。

（四）创新之处

本书研究工作的创新之处集中体现在以下三个方面：

首先，对城市公共交通运营模式进行了界定，构建了面向运营模式的城市公共交通绩效评价理论框架。通过梳理和归纳已有研究成果对我国城市公共交通运营模式进行界定，按照企业运营方式和政府管理方式进行分类。通过定量分析验证了不同运营模式下的城市公共交通绩效结果优劣，旨在为城市公共交通运营模式改革提供理论依据和实践导引，为探索和改进我国城市公共交通运营模式提供了新思路，理论框架体系的构建为城市公共交通绩效评价研究提供了理论参考和补充，这是本书第一个创新之处。

其次，构建了基于图效率的 SE-DEA-Gini 评价方法，定量验证了不同运营模式下的城市公共交通绩效差异。该方法能够对同时有效的决策单元进行区分，能够保证可行解的存在性，通过引入 Gini 准则改进投入产出指标重要性不一致导致的极端情形，能有效改善 DEA 方法的判别能力。利用该方法分析了不同运营方式和不同管理方式下城市公共交通绩效评价结果，验证了多元化运营方式和一体化管理方式优于其他运营方式和管理方式的假设，弥补了目前缺乏对政府管理方式定量研究的不足，这是本书第二个创新之处。

最后，提出了改进的博弈交叉效率评价方法，定量验证了不同运营模式下的城市公共交通绩效差异。该方法弥补了传统的博弈交叉效率评价方法所得结果的不唯一性，提高了迭代算法的收敛速度。利用改进模型验证了不同运营方式和管理方式对城市公共交通绩效评价的影响，定量分析了不同运营方式和管理方式的效率优劣，这是本书第三个创新之处。

四、本章小结

本章首先介绍了本书的研究背景，阐述了研究意义，接着从理论和实践的角度出发给出了本书的研究问题和研究目标，对本书的研究内容做了总结，提炼了本书的逻辑框架体系和创新之处。

第二章　城市公共交通绩效评价文献综述

城市公共交通绩效评价问题是当前公共交通领域研究中的一个热点问题。建立公共交通绩效评价方法，分析不同运营模式对城市公共交通绩效评价的影响，已经成为公共交通管理过程中需要完成的重要任务，近年来引起了学者们的广泛关注[1][2][3]。

本章对城市公共交通绩效评价角度、评价指标和评价方法的文献进行了梳理和归纳，内容安排如下：第一节给出了绩效评价的概念和框架；第二节从不同角度对城市公共交通绩效评价的研究现状做了总结；第三节归纳了城市公共交通绩效评价指标的研究现状；第四节总结了城市公共交通绩效评价方法的研究现状；第五节对本章进行了总结。

一、绩效评价

（一）绩效评价概念

绩效的概念源于人力资源管理和工商管理，绩效的含义有很多，不同学科和不同领域根据学科和领域特性使用了不同的定义。绩效有两层含义："绩"是产出、成绩或业绩，某人或组织的某项活动做了什么，"效"指的是效率、效益或效果，是该活动对其目标受益者产生的影响。绩效是指组织或个人为了达到既定目标而做出的工作结果或工作行为。绩效包含很广，既能包含企业提供的产品与服务质量、数量、效率和效益，也能包含非营利组织所做的贡献与社会效益等，它所指的不单纯是一个工作过程或工作结果层面的概念，也包括资源的投入产出效率、效益、社会福利等内涵。评价是指为了达到既定目标，运用特定的指标，按照统一的标准实现确定的方法，对事物做出价值判断的一种认知活动。

绩效评价指的是运用一定的评价标准、评价指标和评价方法，对组织实现特定职能所确定的绩效目标实现程度进行量化，以及为实现这一目标所安排预算的执行结果所进行的综合性评价[4]。从公共管理部门来看，绩效评价是指管理组织在一定的投入水平下的产出服务能够在多大程度上满足社会公众的需要。绩效评价的内涵有两点：首先是评价的行为，通过评价得知某项工作是否经济有效，是否公平和可持续。其次是评价结果的反馈，通过反馈绩效评价的结果可以对管理决策和实施过程是否可以加以改进提供方向。所以，绩效评价以是否满足了结果（做到了什么）和过程是否能改善（如何做）为主要架构。

由于公共交通行业的准公共特性，在产出测算时难以得到详细的指标数据，而且投入产出关系较为复杂，仅对财务指标的投入产出进行考核难以全面反映公共交通部门的工作，而绩效评价可以全面反映公共交通部门的投入产出结果和过程，在计量中，不仅可以包括传统的财务指标，还可以包括社会效益和社会福利。

（二）绩效评价框架

为了对城市公共交通进行绩效评价，有必要对绩效评价框架做进一步阐述[5]。评价框架是建立在选定的评价标准和分析维度之上的，对评价标准的解释需要利用评价指标来完成，通过选择绩效评价方法展开评价，对结果进行分析和解释，给出改进绩效评价的对策建议。绩效评价框架分为以下五个步骤：①选择评价标准和分析维度；②确定评价指标、收集数据；③绩效评价方法选择；④结果分析和解释；⑤改进绩效评价的对策建议（见图 2.1）。

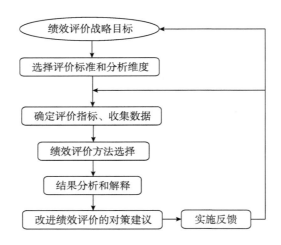

图 2.1　公共交通绩效评价框架

　　城市公共交通绩效评价的目标是公共交通服务要达到什么目的和预期的效果。框架体系的第一步是选择绩效评价的标准和分析维度，评价标准和分析维度的选择来自绩效评价的战略目标。公共交通的评价标准有很多（如安全、经济、舒适、出行时间、社会责任、建设维护等），从哪一个方面展开评价必须确定评价标准，标准可以是单一的，也可以是多个。另外还需明确分析维度，即使是对同一个评价标准而言，既可以从微观、宏观维度出发，也可以从利益相关者维度出发，从不同维度出发结果会不太一致，不一致的选择会影响第二步的评价指标的选择。比如从利益相关者维度出发，管理者关心公共交通服务能否满足出行者需求，并且财政补贴尽可能地少，运营者最关注的则是如何降低运营成本，提高运营收入，而使用者关注的焦点则在于是否满意（包括安全性、舒适性、便捷性、经济性等）。由于公共交通绩效评价标准是从绩效评价战略目标中得出的，因此在这一步中，分析维度的选择建议从主要利益相关者出发进行归纳，评价标准的完成常采用研讨会和圆桌会议等形式。

在进行评价指标的选取时，要依照评价标准和维度进行筛选。按照自己的分析维度对指标进行判别和归类，确定最终的评价指标。不同学者根据不同评价标准和不同维度给出了很多评价指标，具体选择上可以从文献中选择通用的指标，也需要根据具体问题选择适用的指标。确定好评价指标后，就可以开始收集数据，有些数据可以通过公共交通管理者定期发布的统计年鉴直接获取，有些数据需要通过公开数据进行加工，还有一些并未公开的数据则需要通过统计调查等方式间接获得。

由于公共交通的多主体、多目标等特性，第三步的评价方法大多是基于多目标的，如层次分析法（Analytic Hierarchy Process，AHP）、TOPSIS 方法（Technique for Order Preference by Similarity to am Ideal Solution）、SFA 方法（Stochastic Frontier Approach）、DEA 方法等。在众多目标分析方法中，SFA 方法和 DEA 方法是最为常用的两种方法。但是，在使用 SFA 方法时，需要事先明确边界生产函数的具体形式和参数，随之而来的函数模型的选择以及随机变量总体分布也需要事先给定，从而使计算变得复杂。而 DEA 方法对投入产出无须过多假设条件，甚至不需要对投入产出的结构做限定，所评价的效率前沿具有稳健性，不仅适合于大样本数据的效率分析，而且适合于小样本数据的效率分析，因而在公共交通绩效评价中有广泛的应用。

第四步的结果分析和解释则侧重于评价结果特征、趋势以及发生这种结果的原因。

最后一步是改进绩效评价的对策建议，针对结果分析和原因，提出可行对策和建议，争取在实施过程中解决公共交通运营中存在的缺陷、动态调整公共交通战略目标以及对数据收集工作进行反馈。

图 2.1 所示的评价框架体系并没有对评价标准、分析维度和评价方法做出限制，因此，既可以根据评价标准选择适合的评价方法，也可以根据不同分析维度选择评价标准，还可以整合不同类型的数据（如定量数据和定性数据等）选择评价方法。

二、城市公共交通绩效评价角度文献综述

企业运营方式和政府管理方式可以看作公共交通运营模式的两个维度，一个是从运营企业角度来讨论，另一个是从管理部门的角度展开，因此，有必要从运营模式角度出发定量研究城市公共交通绩效评价。在以往的研究中，对于公共交通的企业运营方式是由政府导向运营还是由市场导向运营存在分歧，定量研究结果也并未达成一致。公共交通的管理方式是集中化管理还是分散式管理大多停留在定性研究层面上，缺乏定量研究结果。本节将从企业运营方式和政府管理方式角度出发总结市公共交通绩效评价的文献。

（一）企业运营方式

在企业运营方式的争论中，一些学者认为市场导向的公交企业运营方式要比政府导向的运营方式效率高。Roy 和 Yvrande-Billon[6] 为了验证市场导向的私有化企业比政府导向的国有企业更有效率的假设，计算了法国 135 个不同运营方式（国有化企业、混合型企业和私有化企业）的公交企业在 1995~2007 年的技术效率。Ottoz、Fornengo 和 Di Giacomo[7] 对 1998~2002 年意大利 65 家私有化公交企业和 12 家国有化公交企业的数据进行了评价，结论也支持市场导向的运营方式要高于政府导向的国有垄断化运营方式。Boitani、Nicolin 和 Scarpa[8] 运用超对数生产函数模型对欧洲 77 个国有化运营企业 1997~2006 年的公交运营数据进行了分析，结果表明与私有化公交企业相比，整体或部分国有的公交企业的生产率更低，而且通过竞争成立的企业有更高的全要素生产率。王欢明和诸大建[9] 以长三角城市群的公共交通运营数据为例，对政府导向的运营方式和市场导向的运营方式进行了比较，发现市场导向的运营方式要优于政府导向的运营方式，并对产生这种影响的因素做了分析，结果表明企业的效率正相关于市场竞争和企业的规模。

另一些学者则认为，市场导向的公交运营方式未必比政府导向的运营方式更有效率。Perry 和 Babitsky[10] 基于哑变量的多元线性回归方法、协方差分析方法计算公交效率验证了城市公交私有化的可行性，利用 1980~1981 年的 15 个私有化企业和 5 个没有私有化企业的数据，认为政府导向的垄断化和市场导向的私有化并没有对城市公共交通效率产生重要的影响。Pina 和 Torres[11] 使用了数据包络分析、多元线性回归、Logit 回归分析和聚类分析方法对西班牙提供公交服务的国有化企业和私有化企业的效率进行了评价，结果表明并不能证明私有企业比国有化企业更有效率。Leland 和 Smirnova[12] 利用 2004 年美国国家运输协会的数据验证政府导向和市场导向的运营方式谁更有效的论点，指出政府将部分或全部公共交通服务外包出去要比成立专设部门直接运营公交服务更有效率。随后，Leland 和 Smirnova[13] 发现市场导向的私有化公交企业并不比政府导向的国有化企业的效率高，认为市场导向的运营企业也可能存在着缺少竞争和高交易成本导致效率低下。

（二）政府管理方式

　　国内外研究者对城市公共交通管理方式的研究大多在定性研究上，主要介绍各城市已有的管理方式的优点和不足，分析中央政府和地方政府、地方政府和运营企业在交通管理中的责任分担等问题，提出相对应的解决方案。Manasan 和 Mercado[14] 回顾了马尼拉市政府机构在三个阶段（1975~1989 年的马尼拉大都市委员会、1990~1995 年的马尼拉大都市管理局和 1995~1998 年的马尼拉大都市发展管理局）的职责、管理机构、组织架构、财政与地方政府间的关系等方面的优点和不足，指出该市在交通运营中存在高品质公共交通服务增长供需矛盾、机动车增长过快以及城市交通路网效率低下等问题，在交通管理中存在政策制定、交通规划多头管理、职责混乱的情况，对构建城市交通一体化和协调城市公共交通管理方式提出了建议和对策，给出了四个成功创新的城市实例。Oni[15] 分析了尼日利亚交通管理部门机构混乱、职责不清，城市交通管理缺乏统筹规划等问题，认为应该厘清联邦政府、州政府和当地政府在交通机构职责、组织设置、人力资源等方面的关系，明确当地政府管理交通事务的责任，包括交通规划、设计实施、维护交通管理、监控交通情况等。Potter 和 Skinner[16] 从交通政策、过程、管理机构等提出了交通一体化的概念，认为只有高度整合的交通策略才有助于改善交通的可持续发展。他们从交通运输功能和模式一体化，交通运输规划一体化，社会、环境、经济和交通政策一体化等方面阐述了交通一体化的概念，对实行一体化交通对社会经济可持续发展的可行性进行了评估。Glover[17] 回顾了促进交通可持续发展的方法，提出了城市交通发展的互补方法：一体化和分布式。成功的一体化交通包括整合运营服务、明晰管理职能、整合土地使用、整合交通规划等手段，而且能够减少交通带来的社会和环境成本、提升公共交通利用率、做到公共交通无缝出行、减少出行需求、提升车辆能源效率等。而借用的分布式概念对高度集中时的交通局限性进行管理，如促进出行的多样化选择、提供按需的公交出行模式、公共自行车共享服务等。另外，Glover 还对一体化和分布式方法的互补性、重叠性做了讨论。Spickermann、Grienitz 和 von der Gracht[18] 对未来德国城市交通系统的多模式联运的可行性进行了评估，基于 Delphi 研究方法对交通的多个利益相关者（管理者、运营者和使用者）的情形进行整体分析，讨论了不同策略对利益相关者的影响，提出利益相关者协同努力、使用先进的智能交通系统、充分利用公共和私人投资、改变管理方式、建立使用者参与的制度等方法是未来交通发展的最佳策略。此外，一些学者介绍了世界各国的交通运输行政管理体制[19]。

国内学者莫露泉、刘毅和蓝相格[20]，裴瑜和吴霖生[21] 分析了城市公共交通在城市交通体系中的地位和作用，并从公共交通要素和运输工具出发分析了城市公共交通系统构成。丁爱民[22] 比较和分析了我国城市中存在的三种公共交通管理方式，讨论了各自的优缺点，并给出了构建和实施一城一交管理方式的建议。李忠奎[23] 归纳了我国中心城市的交通管理方式现状，分析了存在的问题，基于运输产品完整性理论研究了中心城市交通管理方式的改革目标，明确了一城一交管理下交通管理部门的职责，并对交通改革提出了政策和建议。文宏和张德宝[24] 认为部门行政管理制度、交管部门主体定位偏差和部门权利利益化是交通管理方式的症结所在，解决办法要从明确政企、政事、企事和政资的事权关系、统一交通管理机构、协调制衡决策权、执行权和监督权以及投资、建设、管理和养护分离出发，建立高效的交通管理方式。叶冬青[25]回顾了城乡公共交通的管理方式，剖析了存在的问题，在借鉴国内一些城市优秀的管理经验下，提出了公共交通管理一体化改革的内容和方案，从公共交通决策、机构、规划、建设、运营、服务、税费、信息八个方面提出了公交改革的思路、目标和原则，并提出了具体的应对措施。姚跃、周溪召和肖敏[26]借鉴发达国家在公共交通管理中的经验，对公交管理方式提出了建议。另外，国内一些学者对特定城市实施一城一交管理方式改革或一体化交通管理方式改革做了总结和阐述[19]。

（三）评价角度述评

以往从企业运营方式和政府管理方式角度展开的研究存在以下两个值得改进的方面。

（1）从企业运营方式上来看，虽然学者们普遍认可不同的运营方式会带来绩效评价结果上的差异，但是究竟政府导向的垄断化运营方式和市场导向的多元化运营方式谁更高效并无定论。

（2）从政府管理方式上来看，国内外对公共交通管理方式的研究大多是从定性角度展开的，主要研究集中在阐述城市公共交通混乱产生的缘由，或者介绍国外发达国家的公共交通管理经验，缺乏定量研究结果。

三、城市公共交通绩效评价指标文献综述

以往的研究中，学者们依照不同的分析维度和不同评价标准提出了各种各样的评价指标，本节将对已有的城市公共交通绩效评价分析维度、评价标准和评价指标进行归纳和总结。以往的研究大多从效率、效益维度或利益相关者（公共交通管理者、运营者和使用者）维度出发对公共交通进行评价，通过选择适合的评价标准，确定评价指标。

（一）效率与效益维度

国内外早期关于公共交通绩效评价指标的研究主要集中于两个方面，一方面是基于效率（efficiency）的研究[27][28]，基于效率的研究大多是基于不同的评价目标灵活选取指标集合，该方法非常直观且易于解释，但缺点在于难以对不同公交系统做比较；另一方面是基于效益（effectiveness）的研究[29][30]，该方法从若干个投入中选择一个最优的投入水平，通常是利用数量经济分析方法评价运营服务质量优劣，该方法在对比不同公交系统之间的运营服务质量时非常有效。这两者的研究维度一个是从交通计划方面进行，另一个是从经济层面展开，本质上可以看作对同一问题的两种解决方案。但在投入和产出价格不易测量时，绩效评价者大多采用基于效率的指标进行评价，考虑到公交行业绩效评价的复杂性，既要选取衡量成本收入的经济效率指标，同时也要兼顾社会效益指标。所以，在进行公共交通绩效评价时有必要对效率和效益进行明确区分[31]。效率通常是指单位应以尽可能少的投入，如最便宜的成本、最快的时间、最少的劳动力等，获得尽可能多的产出。效率通常指以正确的方式做事，经济学中一般指的是投入与产出或成本与收益的对比关系，但是效率并不能反映人的行为目的和手段是否正确。所以管理者还需关注效益，也就是完成活动以便达到组织的目标，效益强调的是正确的行为、目标和手段以及效果的有利性。效益概念通常指的是做正确的事，是人们通过某种行为、手段或方式而得到的合乎目的的结果。例如，私人汽车在运输过程中效益很好，因为它能将使用者从指定地点长距离地运送到目的地，但是与公共交通工具相比，私人汽车的燃油消耗高、一次运送使用者数量少，所以它不是有效率的。

本书中所指的绩效同时包含效率和效益的概念，效率指的是产出与投入之比，效益则包括多方面的概念，目前在不同的学术领域中还没有达成共识。若从经济学角度理解，在公共交通评价中效益与供给和需求相互作用有关[32][33]；从工程学和交通计划角度理解则侧重于交通服务的目标以及如何达到目标[34][35]；最新的且被多数学者认可的关于效益的定义是从消费者的角度展开的，侧重于公交服务满足乘客需求的程度[36][37]。简单来讲，由于运营企业必须在不影响日常需求下最小化运营成本，故衡量的指标常包括总成本、劳动利用率、车辆利用率等，而效益指的是使用者能够利用低成本满足日常出行需求，通常用服务使用率（如载客量）、服务质量和服务可达性等度量。由于绩效指标具有直观的实际意义和简单易用等特性，在研究公共交通绩效评价时被广泛采用[38]。使用绩效指标定量测度服务特征时可以用单独的指标，也可以用若干指标的比，因比率指标更能反映平均水平，从而使数据具有良好的稳定性，且直观解释强，所以在使用中更倾向于比率指标。在复杂的公交系统中，有时会有上百种比率指标来测度绩效水平，但是经验表明过多的绩效指标之间可能会存在相关性，从而导致绩效评价结果失真，而选取的指标过少也达不到预期效果，在实践中会根据具体的绩效目标选择主要的指标进行评价。本书先从效率和效益维度出发对大量已经存在的指标进行分析归类。

1. 公共交通效率评价指标

以往文献中，侧重效率的公共交通评价指标有很多，本书做了归纳和梳理，将评价指标按照衡量技术、衡量服务的投入、衡量服务强度和衡量收入四个评价标准分类，过于细致和重叠的指标不再单独列出，详见表2.1。

表2.1 公共交通效率评价指标

1. 衡量技术

指标	作者及年份	文献
（运营）费用/车公里[1]（车小时[1]） （运营）费用/按服务时间（里程）计算的收入 （非）劳动力费用/车公里 劳动力费用/座位公里（按服务时间计算的收入） 运营费用/座位公里[2]（座位小时[2]） 总费用/车公里（座位公里丨座位小时丨员工数） 车公里/运营车辆（员工数丨员工小时[2]丨燃油消耗） 车小时/运营车辆（员工数丨员工小时丨燃油消耗） 按服务时间计算的收入/运营车辆 按服务里程计算的收入/运营车辆（雇员数丨燃油消耗） 雇员数/运营车辆	Allen 和 DiCesare（1976）；Mc-Crosson（1978）；Dajani 和 Gilbert（1978）；Fielding 等（1978，1985）；Giuliano（1981）；Khan（1981）；Barbour 和 Zerrillo（1982）；Mackie 和 Nash（1982）；Vaziri 和 Deacon（1984）；Talley（1988）；Fielding 和 Hanson（1988）；Lee（1989）；Yeh 等（2000）	[27] [33] [34] [35] [37] [41] [42] [43] [44] [45] [46] [47]

续表

2. 衡量服务的投入

指标	作者及年份	文献
（运营）费用/乘客数（乘客公里[3]） 赤字[3]/乘客数（乘客公里） 补贴/乘客数（乘客公里｜票价收入） 补贴/按服务时间计算的收入 票价收入/成本（总运营成本） 票价收入/运营费用 乘客数/员工数（员工小时｜燃油消耗） 乘客公里/员工小时（燃油消耗）	Fielding 等（1978，1985）；Mc-Crosson（1978）；Vaziri 和 Deacon（1984）；Keck 等（1980）；Barbour 和 Zerrillo（1982）；Fielding 和 Hanson（1988）；Talley（1988）；Lem 等（1994）	[32] [33] [40] [41] [42] [44] [45] [46] [48]

3. 衡量服务强度

指标	作者及年份	文献
乘客数/运营车辆 乘客数/车公里（车小时） 乘客数/座位公里（座位小时） 乘客数/按服务时间（里程）计算的收入 乘客数/线路长度 乘客公里/车公里（车小时） 乘客公里/座位公里（座位小时） 乘客公里/线路长度	Allen 和 DiCesare（1976）；Fielding 等（1978）；McCrosson（1978）；Austin 和 Stone（1980）；Fielding 和 Lyons（1981）；Vaziri 和 Deacon（1984）；Keck 等（1980）；Barbour 和 Zerrillo（1982）；Fielding 和 Hanson（1988）；Talley（1988）；Yeh 等（2000）	[32] [33] [37] [39] [41] [42] [44] [45] [46] [49] [50]

4. 衡量收入

指标	作者及年份	文献
运营收入/运营车辆（车公里｜员工数｜乘客数） 票价收入/运营车辆（乘客数｜乘客公里） 票价收入/按服务时间计算的收入	Allen 和 DiCesare（1976）；Mc-Crosson（1978）；Vaziri 和 Deacon（1984）；Fielding 等（1985）；Fielding 和 Lyons（1981）；Barbour 和 Zerrillo（1982）；Lee（1989）	[39] [40] [41] [42] [44] [47] [50]

[1] 车公里=运营车辆×运营里程；车小时=运营车辆×运营时间。

[2] 座位公里=提供的座位×运营里程；座位小时=提供的座位×运营时间；员工小时=雇员数×工作时间。

[3] 乘客公里=乘客×出行里程；赤字=运营成本−收入（不含补贴）。

注：圆括号中为可替换指标，"｜"表示"或"。

2. 公共交通效益评价指标

本书归纳了以往文献中侧重效益的公共交通评价指标，将评价指标按照衡量相关服务、衡量服务覆盖范围、衡量市场渗透力和衡量其他四个评价标准分类，如表 2.2 所示。

表 2.2　公共交通效益评价指标

1. 衡量相关服务

指标	作者及年份	文献
（运营）费用/服务区域内的人口 补贴（运营车辆｜员工数）/服务区域内的人口	Vaziri 和 Deacon （1984）	[44]

2. 衡量服务覆盖范围

指标	作者及年份	文献
座位公里/服务区域内的人口	Allen 和 DiCesare （1976）；Field- ing 等 （1978）；Dajani 和 Gilbert （1978）；Fielding 和 Lyons （1981）；Vaziri 和 Deacon （1984）；Musso 和 Vuchic （1988）；Talley （1988）	[39]
按服务时间（里程）计算的收入/服务区域内的人口		[32]
线路长度/服务区域内的人口（服务区域面积）		[35]
车公里/服务区域面积		[44]
线路长度×步行到站距离/服务区域面积		[45]
覆盖区域面积/服务区域面积		[50]
覆盖区域人口/服务区域内的人口		[51]

3. 衡量市场渗透力

指标	作者及年份	文献
乘客数/服务区域面积（服务区域内的人口）	Allen 和 DiCesare （1976）；Dajani 和 Gilbert （1978）；Fielding 等 （1978）；Fielding 和 Lyons （1981）；Khan （1981）；Vaziri 和 Deacon （1984）；Musso 和 Vuchic （1988）	[32]
乘客公里/服务区域面积（服务区域内的人口）		[34]
出行距离/服务区域半径		[35]
		[39]
		[44]
		[51]

4. 衡量其他

指标	作者及年份	文献
运营成本/使用者效益	Dajani 和 Gilbert （1978）；Vaziri 和 Deacon （1984）；Fielding 等 （1985）；Fielding 和 Hanson （1988）	[35]
使用者效益/服务区域内的人口		[40]
按服务里程计算的收入/道路救援次数		[44]
事故发生次数/按服务时间（里程）计算的收入		[46]

注：圆括号中为可替换指标，"｜"表示"或"。

关于公共交通绩效评价指标的早期研究着重于在已有的数据上定义可用的指标集合或对不同指标集合进行比较，因此提出了各种各样的关于效率和效益的评价指标体系，这些指标重点关注的是效率，有一小部分关注效益。由于在文献梳理中难免有不完善的地方，或者需要略去一些特殊的指标，如不常用指标、衡量较为特殊服务的指标、低质量的指标和非常简单的指标，所以表2.1和表2.2仅反映了公交系统绩效评价指标的主要方面。为了保持不同作者选取分析维度、评价标准和评价指标定义的一致性，表2.1和表2.2中给出的指标所代表的意义和其他文献中的不会完全一致，但不致影响对指标的理解（一些文献中的衡量指标过于细致，如成本除运营成本外还可能包括购买资产的成本，车公里包括产生实际利润的车公里或包括往返停车场的车公里，乘客位置除座位外还可能包括站立位置等），有兴趣的读者可以参阅表中的参考文献。在以往的文献中并没有严格区分效率和效益的差异，如有些学者认为衡量服务强度的也可属于效益指标，在本书中我们将其归属于效率指标。

以往从效率和效益维度对城市公共交通绩效评价的研究虽然能够涵盖公共交通的各个方面，从效率和效益维度出发选择了评价标准，并给出了多种评价指标，但是我们发现从效率和效益出发对公共交通绩效评价的目标是不一致的，由于公共交通提供的是一种准公共产品，为了全面对城市公共交通进行评价需要融合效率和效益指标，从公共交通的所有利益相关者维度出发对公共交通进行评价。

由于公共交通的利益相关者包括管理者、运营者和使用者多个主体，具有多目标和多层次的复杂特性，仅从某一维度开展绩效评价有失偏颇，无法获得理想的评价结果，有必要从多主体协同参与的维度对公共交通的绩效进行评价，为公共交通规划、管理、决策和财政支持等方面提供有效信息。很多学者从不同分析维度出发对城市公共交通绩效评价指标提出了建议，Benn[52] 从管理者、运营者和使用者维度建立了包含路线设计、调度设计、经济和产出、提供服务和监控以及使用者舒适性和安全性在内的五类评价标准。TCRP[36] 从利益相关者维度出发将评价标准归纳为八类，即可用性、运输服务、安全性、建设维护、经济性、公共性、容量和出行时间。Yeh、Deng 和 Chang[37] 建立了包括安全性、舒适性、便利性、运营服务和社会责任五类评价标准。王欢明和诸大建[53] 基于效率、回应性和公平三个维度建立了公共服务绩效评价标准和评价指标。王海燕等[54] 则从公共交通行业环境和资源评价、公共交通企业运营服务以及相关主体满意度三个维度出发构建了评价标准和评价指标体系。虽然对公共交通绩效评价没有统一的标准，但是大部分学者认同公共交通绩效评价应该从三个维度来展开，即公共交通管理者维度（一般指政府或公共交通管理机构）、运营者维度和使用者维度（乘客或称出行者）[55][56][57]。Allen 和 DiCesare[39] 首次区分了在公共交通运营中的三种角色，认为管理者关注点在效益层面，他们的目标在于提供一种高效运转的、有效率的公共服务，通常不太关心运营成本，特别是提供公交服务的前几年。管理者希望通过对运营企业的补贴达到降低环境污染、提高土地利用率和社会公平等社会效益。公共交通运营企业则着眼于效率层面，运营企业需要平衡出行需求和公交服务供给，希望在服务一定数量的载客量的同时达到最小的运营成本，不妨碍日常公交运营下寻找最优的运营参数（如运营时刻表，运营频率等）。而公共交通使用者关注的是公交服务质量，能否花费最小的成本、时间或行程满足自身的出行需求，常用可用服务质量与成本之比或乘客满意度来衡量。下面我们将对以往从这三个维度出发进行绩效评价的指标体系做进一步归纳和总结。

（二）管理者维度

直接从管理者维度出发建立公共交通绩效评价指标的文献并不多，大多数文献是结合管理者和运营者或者管理者和使用者共同对公交服务进行评价，Fielding、Babitsky 和 Brenner[40] 使用了补贴与票价收入之比、补贴与车小时之比来衡量管理者对公共交通行业的投入。Talley 和 Becker[58]、Talley[45] 使用了剔除补贴后的利润与乘客数之比衡量管理者的投入。成曦等[59] 使用了基于使用者、公交运营企业和决策部门的三个主体的评价指标体系，以公交运营线路网密度、公交站点覆盖率（重复率）、公交优先路段比例等建立了以 AHP 定权的模糊综合评价模型。王海燕等[54] 使用了财政补贴、政策补贴、设施投入、信号信息投入等指标衡量管理者的投入。

（三）运营者维度

Benn[52] 将投入指标按路线设计、调度设计、经济和产出、提供服务和监控、使用者舒适性和安全性分为五大类，将服务质量和运营成本作为最重要的产出来评估整体服务效益。从运营者出发的评价一般常把劳动力、资产和能源看作投入指标，而把衡量效率的车公里、座位公里或者乘客公里等作为产出[29][40]。Karlaftis[60] 在前人的基础上量化了投入指标，用公交企业员工数量（包括运营人员、维修人员和管理人员等）衡量劳动力的投入、用总运营车辆度量资产，用年能源消耗数测量能源，在产出指标中用车公里和乘客公里来反映公交系统的绩效。Sánchez[61] 采用了全职工人数、能源消耗和运营车辆数作为投入指标。在产出指标上，则采用了座位公里、车公里、载客量、服务时间和司乘人员年龄来评价西班牙公交行业的公交服务绩效。Lao 和 Liu[62] 对公交线路的运营绩效进行了评价，采用运营时间、往返距离和站点数三个投入指标来衡量效率，采用公交使用者、超过 65 岁人口和不方便使用公交服务的人数作为衡量空间效益的投入，对于以上两种情形，文章都选取年载客量作为产出。韩艺、葛芳和张国伍[63] 采用数据包络分析方法测算了 11 家公交运营商经营现状的相对有效性，对结果进行了综合评价，提出了运营商在生产经营过程中存在的问题，并提出了评价意见和决策依据。在对投入指标和产出指标的选定上，文章设计了有代表性的数据作为投入指标，如运营总成本、单位运营成本、计划投资总额、累计落实资金、本年落实资金总额、本年经费支出和平均科技投入增长率。在对产出指标进行衡量时，主要用到了运营收入、补贴前（后）利润、总客运工作量、总收入年增长率、准点率、事故率、满载率、出行时间、乘坐公交出行比例和车辆利用率等指标。严亚丹、过秀成和叶茂[64] 基于产出导向的 BCC 评价模型对城市公共交通运营线路进行绩效评价，完善了公交绩效评价的内容，将公交绩效评价从整体延伸到独立的线路，将反映公交企业的投入分成两部分，一部分投入指标如运营车辆数、停靠站点数、燃油消耗、线路中司乘人员数，另一部分投入指标如站间距、准点率、候车时间、行程时间、步行到站距离，为了均衡反映公交服务过程，作者选取了运营收入和客运量为产出指标。Hawas、Khan 和 Basu[65] 运用 DEA 对城市公共交通相对效率进行了评价，提供了在保持相同绩效水平下如何减少运营成本和如何通过微调线路进而提高绩效水平的方法，并对每条线路的绩效水平敏感性进行了分析；考虑了如下投入变量：反映能源消耗的每次往返平均出行时间和往返站点个数，反映固定资产的运营车辆总数以及反映运营成本的运营商个数，而产出指标则选用了日载客量和车公里。王海燕等[66] 利用 DEA 方法测算了公交企业的效率，得到了公交系统绩效评价结果，提出了对策和建议。文中以运营车辆数量和千公里成本为投入指标，以乘客满意度和千公里收入为产出指标。

（四）使用者维度

近年来，关于公共交通服务质量方面的绩效评价越来越多，学者开始将研究重点投向公共交通使用者的维度，并且赞同公共交通必须提供能够与私家车竞争的服务才能提高绩效水平的观点，在此基础上提出了一系列关于使用者方面的绩效评价指标，该方面的评价指标可细分为三个方面，即服务质量、服务强度和其他服务。

1. 服务质量

Alter[67] 指出用于评价公共交通绩效服务质量的指标和潜在的乘客有关，故选取了服务便利性、出行时间、可靠性、服务频率和乘客座位衡量公交服务质量。在对服务及时性进行评价时，他提出衡量服务可靠性的三个指标，即交通运输提前到站 1 分钟的比例、延迟到站 3 分钟的比例和行车间隔。而 Sterman 和 Schofer[68] 也建议可用出行时间的标准差衡量公交服务的可靠性。Buneman[69]、Seco 和 Goncalves[70] 认为公交服务的可靠性和是否能按时到达目的地有关，他们用准点到达乘客数与总乘客数来衡量及时性。对于不同公交线路，Henderson、Kwong 和 Adkins[71] 提出用 $R=1-2\sum_{r=1}^{n}(h_r-\overline{h})r/(n^2\overline{h})$ 来度量公交服务的及时性，其中 $h_r（r=1，2，\cdots，n）$ 表示 n 个时间间隔。Nakanishi[72] 在纽约公交绩效评价中采用了 OTP （On-Time Performance） 和服务规律性来衡量及时性，OTP 是延迟到站 5 分钟的比例，服务规律性用真实间隔时间与计划行车间隔的比值来衡量。Camus、Longo 和 Macorini[73] 则使用了所谓的加权延迟指数，即 $R = \sum_{r=1}^{H} kp\ (k)\ /H$，其中 H 为计划行车间隔，$1 \leqslant H \leqslant k$，$p\ (k)$ 为延迟 k 分钟的概率。Chen 等[74] 提出了基于站点的偏离指数和基于路线的准点指数来衡量公交服务的及时性，其中偏离指数定义为在第 s 个站点的行车间隔与终点站的行车间隔之差在给定时间段的概率，而准点指数则用一条路线的真实运营时间与计划运营时间之差在给定时间的概率衡量。Nathanail[75] 选择了多个评价指标，包括行程的准确性、安全性、洁净度、使用者舒适性、使用者信息等。Zak[76] 则从等待时间、出行时间、准时性、可靠性、安全性、运送频率、舒适性来建立评价指标。Ramani[77] 等提出从拥挤程度、安全性、可替代方式和空气质量等方面来建立评价指标。

2. 服务强度

Botzow[78]、Seco 和 Goncalves[70] 提出用运营车辆除以运营时间来衡量公交服务强度。Ryus 等[79] 用服务范围、服务频率、服务时间、人口、工作密度、使用者到站的路线以及路线质量等方面衡量了公交服务的可用性。Polzin、Pendyala 和 Navari[80] 用可利用到的日行程与区域内人口的比值衡量交通服务的可达性。Yin、Lam 和 Miller[81] 考虑了计划的可靠性、等待时间的可靠性，他们用小于某个阈值平均出行时间的概率衡量计划的可靠性，用小于某个阈值平均等待时间（或行车间隔）的概率度量等待时间的可靠性。

3. 其他服务

Alter[67] 用私人汽车出行时间与公共汽车出行时间之比衡量相对出行时间，Lam 和 Schuler[82] 推荐使用出行距离的调和平均数与公共交通出行距离的调和平均数之比衡量公共交通连通性。TCRP[36] 用两倍的公共汽车出行时间与公共汽车出行时间和私人汽车出行时间之和的比来衡量公共交通的可达性。Bhat 等[83] 从空间和时间层面归纳总结了公交可达性指标和公交依赖性指标，使用了到达距离、中转距离、到达时间、运营时间、等待时间以及安全性、舒适性和经济性作为衡量指标。Seco 和 Goncalves[70] 用公共交通的出行成本与用于私家汽车的出行成本指标衡量相对票价水平。武荣桢等[84] 从乘客主观心理特性和公共交通服务的特殊性入手，利用层次分析法和模糊综合评价方法建立了公交服务质量满意度评价的指标。考虑到公交服务需要满足乘客出行中的安全、便捷、舒适和经济等需求，通过实际调查获得了步行到车站距离、候车时间、候车便利情况、乘车安全性、车辆准点率、车辆运行速度、乘车舒适度、服务人员文明程度、票价合理性等指标对乘客满意度进行评价。Niyonsenga[85] 对影响乘客出行潜在需求的公共交通线路网和服务容量进行了评价，先确定了乘客对公交服务的需求和市政对公交服务的供给间的差距，然后使用了 GIS 技术和统计方法对公交服务进行绩效评价。在对公交线路网评价时，作者选取的绩效考核指标为：服务范围，即限定区域内服务的人口与整个区域人口的比值；线网密度，即公交线路长度与土地使用面积的比值；路线重合度，即公交线路长度与整个公交线路网的比值；平均站点间距，即公交线路长度和站点总数的比值。在对服务容量进行评价时，作者用三个指标进行衡量：座位容量，即公交上的座位数与运营中的公交数量除以服务区域面积；发车频率，即运营中的公交数量与发车间隔的比值；平均线路网速度，即单位时间内车公里与公交运行速度乘积与单位时间内车公里总数。从上述分析可以看出，研究最多的问题是服务质量，其次是服务强度，最后是公交服务的其他方面。

（五）多维度融合

有时评价者需要从管理者、运营服务提供者和服务使用者多个维度融合出发得出评价指标，符韦苇和靳文舟[87] 对公交系统的多目标进行综合评价，基于 DEA 方法和模糊综合评价对城市公共交通系统进行了分析。在评价标准的选取上，选择了网络评价、运营调度评价、乘客满意度评价和效益评价四个方面，分别选取了管理者的投入指标，主要包括公交车万人拥有量、公交分担率和百公里成本率。在对运营商的投入指标上，选取了衡量线路的线网密度、线路重复系数、非直线系数、站点覆盖率、平均站距、发车频率、候车时间、车时利用率和工时利用率。从使用者维度选用了换乘次数、日均满载率和换乘满意度指标。王海燕等[66] 从政府对公交行业的宏观管理、公交企业内部的微观管理以及使用者满意度等多主体融合考虑，构建了公交行业绩效评价的指标体系，文章将公交行业的绩效评价体系分为行业环境和资源评价模块、公交行业运营服务评价模块以及相关主体满意度评价模块进行综合评价。在对公交行业环境和资源评价模块的指标选取上，选用了出行特征（出行目的、时间和距离）、道路特征（路段划分、路权设置、时空容量和等级结构）、车流特征、政策补贴、财政补贴、设施投入和信号信息投入等指标。在公交行业运营服务评价模块中对企业运营成本进行评价时选择了人工费、维修保养费、燃料能源费、场站租赁费、车辆购置费、车辆折旧费、行车事故损失、管理及财务费等指标，而在企业运营服务评价模块中的企业服务管理评价模块中选用了高效便捷、准确可靠、安全规范和经济舒适指标。对相关主体满意度评价模块中，细分了政府满意度模块、公交企业满意度模块、企业员工满意度模块和乘客满意度模块。

（六）评价指标述评

众所周知，公共交通服务并不是普通的公共物品，除要追求社会效益外，还要追求经济效率，它的绩效评价涉及管理者、运营者和使用者等多方面的利益，具有多主体、多层次、多目标的复杂特点，必须从多主体协同参与的维度对其进行绩效评价才能达到预期目标。目前，关于公共交通绩效评价指标研究中存在的主要问题有以下两个方面：

1. 评价分析维度关注效率和效益层面

早期的公共交通绩效评价体系关注的中心是公共交通运营企业和管理机构，从效率和效益维度出发选择评价标准，设计评价指标，考虑到基于效率维度的评价指标主要衡量的是对运营企业的投入和产出，而基于效益维度的评价指标则主要关心的是公交服务质量，仅从效率和效益维度出发评价公共交通是不完善的，尤其是对于要同时兼顾多目标评价的公交服务来说更是如此。

2. 从公共交通服务的单一利益相关者维度展开

以往的研究中，虽然有许多学者建立了一些可行的反映公共交通行业绩效的评价标准和评价指标，但是这些研究大多仅仅基于运营者或使用者满意度或管理者单方面的维度展开。从单一维度出发不能达到预期目标，需要将公共交通的所有利益相关者纳入考虑范围。

四、城市公共交通绩效评价方法文献综述

科学合理的绩效评价离不开有效的评价方法，为了对城市公共交通进行科学管理，制定适合城市发展的各项公共交通政策，必须要客观对公共交通行业进行细致和系统的评价。随着数学方法的不断发展、数据资源的不断增加以及计算机水平的不断提高，城市公共交通管理者已经逐步摆脱了依靠经验或直觉进行定性评价的初级阶段，转向数量工具（如统计模型和方法、数学规划方法、博弈论等）进行定量评价阶段，这些工具的引入使得管理学的评价方式逐渐系统化和科学化[88][89][90]。

由于公共交通提供的服务具有准公共特性，既要考虑经济效益又要考虑社会效益，很难制定统一的标准来测算公共交通服务绩效，通常的办法是通过多个产出与多个投入之比来衡量相对效率水平。在对公共交通进行绩效评价时，大多采用了以随机前沿分析（Stochastic Frontier Approach，SFA）为代表的参数法和以数据包络分析（Data Envelopment Analysis，DEA）为代表的非参数方法[91][92][93][94]。JP 但是，在使用参数法时，需要事先明确边界生产函数的具体形式和参数，随之而来的模型选择和随机变量总体分布也需要事先给定，从而使计算变得复杂。相对于参数方法，非参数 DEA 方法能很好地规避模型选择、参数确定等问题得到广泛的应用。

数据包络分析方法是基于"相对效率评价"概念发展起来的一种常见并且

有效的非参数前沿分析方法，DEA 方法对具有相同类型的投入和产出决策单元相对效率进行测算，估计生产前沿面，它把原来只有单个投入和单个产出下的效率概念推广到含多个投入和多个产出的同类型决策单元（Decision Marking Units，DMU）的相对有效性评价中。DEA 方法得到的效率是在给定的投入后，将生产转化为产出的一种重要的衡量指标，由于该方法对投入产出无须过多假设条件，甚至不需要对投入产出的结构做限定，所评价的效率前沿面具有稳健性，不仅可以对大样本数据进行分析，而且也能对小样本数据进行效率分析[86]，因而 DEA 方法一经发表就受到了系统评价和管理者的关注。DEA 方法的优点包括以下五点：第一，DEA 方法是以决策单元的投入产出权重为变量的，可以避免确定各指标在有限意义下的权重；第二，DEA 方法不需要确定各决策单元的投入和产出之间是否存在某种显式关系；第三，DEA 方法不受数据单位的影响，即指标量纲的不同不会对评价结果产生影响；第四，DEA 不仅给出了评价结果，而且给出了非 DEA 有效和弱 DEA 有效决策单元的原因和改进路径；第五，也是最重要的一点在于 DEA 方法可以评价多个投入多个产出的决策单元的相对效率，对于评价既要考虑效益又要考虑效率的公共服务行业来说非常合适。因此，在实际应用中，DEA 受到国内外众多学者的广泛关注，被应用于如医院评价、大学排名、银行评价、公共交通行业评价、基金评价等实际问题中。

虽然 DEA 方法存在着诸多优点，但是在使用中还是存在一些不足和缺陷：一是投入产出指标数量的维数会对最终的评价结果产生严重影响，通常情况下效率结果会随指标数量的增加而变大，从而有效的决策单元数量变多，导致 DEA 方法的判别能力下降；二是 DEA 方法虽然能将决策单元分成有效单元和非有效单元，但是在对有效单元进行排序时并不能保证总存在唯一性；三是基于自评体系的 DEA 方法得到最优权重时极端灵活，容易夸大某些产出上的长处，规避一些投入上的不足，从而导致最终的 DEA 效率不真实。

传统 DEA 方法将决策单元分为 DEA 有效和非 DEA 有效两类，但是当需要评价的投入产出指标数量较多时，经常会出现多个决策单元都是 DEA 有效的情形，从而降低了 DEA 方法的判别能力。为解决这一问题，许多学者开始对决策单元的效率排序问题进行研究，提出了一些切实有效的方法。在这些排序方法中，超效率评价方法（Super Efficiency DEA，SE-DEA）和交叉效率（Cross Efficiency）评价方法是应用较为广泛的拓展方法，虽然这两种方法有各自的优点被广泛应用，但是直接使用原始模型或方法进行评价时也存在着一些不足。超效率评价方法不能保证总存在可行解的困境，一些原本是相对无效的决策单元可能会因为刻意选择的权重导致效率值偏高，从而降低了 DEA 模型的判别能力。另外，超效率方法对评价指标重要程度不一致的问题无法解决，而且过多的指标数量也影响最终的评价结果。交叉效率评价方法虽然避免了传统 DEA 方法的自评缺陷，但是，考虑到每个决策单元在确定交叉效率最优权重时的任意性，选择某一组最优权重可能使一些决策单元受益，另一些决策单元受损，此时利用交叉效率方法进行评价和区分显然是不合理的。已经考虑到最优权重选择问题的博弈交叉效率方法也存在效率值不唯一和迭代算法过慢等问题，从而降低了交叉效率及其扩展方法的适用性。

利用 DEA 及其扩展方法对决策单元进行评价是绩效评价中常用的方法，目前的 DEA 方法及其扩展方法主要可以分为以下三类：

（一）SE-DEA 评价方法

传统 DEA 方法可以将决策单元分为 DEA 有效和非 DEA 有效两类，并能确定有效生产前沿面，但是当需要评价的投入产出指标数量较多时，经常会出现多个决策单元都是 DEA 有效的情形。此时，这些决策单元的效率值均为 1，无法对 DEA 有效的决策单元作进一步的区分，故管理者无法客观获得所有决策单元的相对效率排序结果。但是在实际应用中，管理者希望能得到一个明确而完整的决策单元排序结果，以便做出清晰的判断和决策，所以需要对决策单元的相对有效性做更为深入的研究和探索。为此，许多学者开始对决策单元的效率排序问题进行研究，提出了一些切实有效的方法。Andersen 和 Petersen[95] 在评价某一决策单元相对于其他决策单元的效率时，在限制条件中去除含有该决策单元的约束，使 DEA 有效的决策单元在二次评价时效率值超过 1，以此实现对决策单元的排序。由于 SE-DEA 方法提高了 DEA 效率的区分能力，在实际中有广泛的应用前景，因此自 SE-DEA 模型提出之后，该方法迅速得到了推广和应用，各种各样基于 SE-DEA 的拓展模型也相继被提出。但是，SE-DEA 模型不能保证总存在可行解的问题也使得模型的应用范畴大大受限，因此一些学者提出了众多改进的 SE-DEA 模型。

Mehrabian、Alirezaee 和 Jahanshahloo[96] 提出了改进的超效率模型，先将投入产出数据标准化再代入 SE-DEA 模型进行评价，在一定程度上可以消除不可行问题。Seiford 和 Zhu[97] 给出了规模报酬不变、规模报酬可变、规模报酬递增和规模报酬递减条件下的 SE-DEA 模型，并对各种 SE-DEA 模型在投入和产出导向下的不可行问题做了阐述。Tone[98] 建立了基于松弛变量的 SE-DEA 模型，指出该模型能全面刻画决策单元的非有效性，并且可以有效地避免出现不可行解的问题。Lovell 和 Rouse[99] 通过设置比例因子提出了与标准 DEA 模型等价的 SE-DEA 模型，通过按比例增大被评价决策单元的投入或减小产出使得 DEA 有效的决策单元变为非有效，然后再对调节后的评价单元用 BCC 模型进行评价。由于该方法将有效的决策单元调整成了非有效决策单元，评价时选择参考点将自己排除在外，得到了与 BCC 模型等价的 SE-DEA 模型，该方法能有效解决不可行问题，但是无法区分 DEA 有效决策单元的相对效率，同时对效率值的解释缺乏经济学含义[100]。Chen[101][102] 在传统 SE-DEA 模型不可行解发生时，通过将所有决策单元利用 BCC 模型投影到其生产前沿面上，将所得的投影点作为研究对象再进行评价，该方法依然不能保证存在可行解。当不可行问题出现时，推荐将被评价单元的投入节省或产出盈余置为零解决。Jahanshahloo 等[103] 以及 Amirtei-moori、Jahanshahloo 和 Kordrostami[104] 提出了 L_1 范数和 L_2 范数的 SE-DEA 模型，与经典的 SE-DEA 模型做了比较，验证了该模型在 DEA 有效的决策单元评价和排序中的优点。Jahanshahloo、Pourkarimi 和 Zarepisheh[105] 考虑了 SE-DEA 模型效率值和排序结果灵敏度问题，他们认为，如果 DEA 有效的决策单元和前沿面在评价中未发生改变，那么所有决策单元的效率结果及排序也不应发生改变，与 Mehrabian、Alirezaee 和 Jahanshahloo[96] 采用的传统标准化方法不同，通过将

DEA 有效决策单元的最大的投入数据替代所有决策单元投入数据的最大值进行标准化处理。Li、Jahanshahloo 和 Khodabakhshi[106] 通过在约束中设置松弛变量提出了一个改进 SE-DEA 模型，认为该模型可有效解决 SE-DEA 模型的不可行解问题。Khodabakhshi[107] 基于改良产出建立了规模收益可变下的 SE-DEA 模型，并从理论上证明了模型可行解的存在性。Ray[100] 基于方向距离函数建立了 SE-DEA 模型，通过允许被评价单元的投入产出按比例变化有效解决了不可行解的问题。当模型的比例因子小于 -1 时，经济意义无法解释。而且模型中被评价的决策单元的投入变化与产出变化的比例必须相同，这是效率评价的一个局限。Khodabakhshi、Asgharian 和 Gregoriou[108] 提出了一个投入导向型的随机 SE-DEA 模型，将该模型转化成一个二次规划问题求解，对模型的结果做了灵敏度分析。通过实际案例表明即使数据出现波动，该模型依然能提供稳健的效率结果和排序结果。张春勤、隽志才和景鹏[109] 提出了基于信息熵和 SE-DEA 的绩效组合评价方法，结合行业监管、企业运营服务与出行需求构建了 12 家公共交通企业的运营绩效评价体系，利用组合评价方法进行评价。

虽然各种改进的 SE-DEA 模型在一定程度上可以消除不可行解的问题，但是并没有从根本上彻底解决不可行问题[101][102]，或者解决了不可行解问题但是不能给出合理的经济学解释[99][100]。因此，关于 SE-DEA 模型的研究需要更加深入，以期提出改进模型和方法。

由于 SE-DEA 方法简单明了，而且存在深刻的经济解释和管理意义，因此该方法被广泛地应用于实际案例中，如医院成本差异分析[110]、中国上市港口企业的成本效率评价[111]、商业银行分支机构的绩效评价[112]、中国文化产业效率分析[113]、煤炭企业生产效率的综合评价[114]、供应商评价[115] 等。

（二）交叉效率评价方法

在将效率值进行排序的过程中，除了要体现优劣差异，还要兼顾公平原则，原有 DEA 方法或其拓展方法大多离不开 DEA 的自评体系，而交叉效率方法不但兼顾自评体系，还结合了他评体系，既保持了差异性又兼顾了公平原则，得到了许多 DEA 领域学者的关注。

Sexton、Silkman 和 Hogan[116] 发现用 CCR 模型的最优权重来计算交叉效率经常会得到不唯一的结果，他们提出利用二次目标规划来解决交叉效率不唯一的问题，该方法虽能消除不唯一弊端，解决部分权重为零的极端情形，但是仍旧存在一些缺陷。Doly 和 Green[117] 认为效率值排序的唯一性需要唯一的交叉效率评价矩阵来解决，在总结了已有的二次目标规划后，提出基于平均决策单元的激进型策略和仁慈型策略来解决唯一性问题，所谓激进型策略即在评价某个决策单元时的权重在满足自身效率最大的同时使其他决策单元的效率尽可能小，而仁慈型策略即在评价某个决策单元时的权重在满足自身效率最大的同时使其他决策单元的效率尽可能大，无论采用哪种策略，每个决策单元都在确定相应权重后组成交叉评价矩阵，从而得到平均交叉效率。遗憾的是，该方法仍然无法从根本上解决唯一性问题，而且对于两种策略的选择并没有客观统一的标准。Adler、Friedman 和 Sinuany-Stern[118] 指出 CCR 模型得到的最优权重是从对自身最有利的角度出发的，故而用于评价决策单元的权重是不同的，因此得到的效率不具可比性，而交叉效率方法是令每个决策单元在同样的指标权重下评价的，所得交叉效率是可比的，但是交叉效率平均化的做法使决策单元的指标与其权重间失去了直接联系。Liang 等[119] 拓展了 Doly 和 Green[117] 的模型，解决了激进型策略和仁慈型策略的选择困境，针对不同场景提出了不同评价准则的二次目标，但是该模型假设所有决策单元的基准效率为 1，限制了模型的运用范畴。对于激进型策略和仁慈型策略难以选择的缺陷，Wang 和 Chin[120] 提出用中立型交叉效率模型解决，他们认为在决策单元权重选择时不应考虑是否对其他决策单元产生影响，而应该考虑该权重选择是否可对自己达到最优，进一步拓展成交叉权重评价方法，指出该方法与传统交叉效率方法的区别和联系，该方法虽然可以解决选择上的难题，但是模型的等价性存在问题。此后，Wang 和 Chin[121] 又提出了针对管理者偏好的交叉效率方法，但是该方法的缺点在于管理者偏好难以测量，在选择偏好时陷入困境。为强调应用性和计算能力，Lim[122] 将最小最大函数和最大最小函数引入二次目标中，应该提高低效单元的交叉效率，同时应该降低高效单元的交叉效率。

Liang 等[123] 指出以往交叉效率评价结果由不同的程序计算的最优权重具有一定的任意性，不确定的最优权重选择可能导致其他决策单元的交叉效率发生变化，虽然采用二次目标规划的方法在最优权重选择时能起到作用，但是依然可能存在多个最优解。为解决这一不足，他们推广了交叉效率概念，在决策单元最优权重存在博弈的环境里提出了博弈交叉效率模型。在该模型中每个决策单元认为是博弈的一方，要在不使其他决策单元交叉效率降低的情况下寻求自己效率的最大化，通过一个迭代算法给出博弈交叉效率结果，并给出了纳什均衡解。Liang 等认为效率值可以通过决策单元在互相博弈过程中达到收敛，从而解决唯一性问题，但是也发现，博弈交叉效率也并不能解决效率值不唯一的问题。Wu、Liang 和 Zha[124] 借助博弈论相关概念，基于核子解和 Shapley 值的交叉效率方法，该方法可以得到稳定排序，但是该方法采用遗传算法作为初始值的构建方法，会导致初始状态选择、交叉、变异过程中存在难以复制的弊端。Wu、Liang 和 Chen[125] 在规模报酬可变的条件下提出了博弈交叉效率模型，将每个决策单元看成是博弈参与者，决策单元的效率将不低于自身的最优效率，通过建立迭代方法来求解纳什均衡解，即最优效率。Wang 和 Luo[126] 也指出上述方法的 Shapley 值在排序中会出现逆序现象。在交叉效率权重计算时，经常会出现部分权重为零的极端现象，在效率评价中，一旦权重过小则投入或产出就变得没有用处，权重过大则产出会决定交叉效率结果，这种极端情形会严重影响交叉效率结果的可靠度，也会影响交叉效率方法的实际应用。Wang、Chen 和 Luo[127] 在传统交叉效率方法中限制了权重为零的情况，可以在某种程度上避免零权重出现。Lam[128] 将在交叉效率中融合了整数规划和 SE-DEA 模型，零权重现象明显减少。Ramon、Ruiz 和 Sirvent[129] 给出了两阶段交叉效率评价方法，通过在 DEA 有效的决策单元中选择一个公共权重约束变量添加到二次目标中有效地避免了零权重出现。

国内方面，王金祥[130] 结合了超效率和交叉效率模型，超效率模型可以对效率值大于 1 的决策单元进行区分，而交叉效率模型的侧重点则在于对所有决策单元的最优权重给出一套公平的评价方法，将超效率模型引入交叉效率评价可以在一定程度上消除效率值的不唯一问题，但是却难以给出合理的管理学解释。王科和魏法杰[131] 提出了三参数区间交叉效率评价方法，该方法对不同的决策单元进行赋值，三参数区间包括最劣效率、最可能效率以及最优效率，他们认为该方法可以合理地反映决策单元的真实情况。唐林兵、谭清美和吴杰[132] 提出了一种新的模型，将该模型与交叉效率模型进行了逆序对比，认为新模型可以通过对决策单元最优权重对应的交叉效率值与原模型中的差值最小化来消除逆序，因而排序结果更合理。

交叉效率评价方法避免了传统 DEA 方法的自评缺陷，可以对所有决策单元从全局角度进行排序，故而在很多方面都有广泛的应用，如疗养院的效率评价[116]、柔性制造系统评价[133]、奥运参赛国家排序[125] 等。

（三） 其他评价方法

1. 基准化评价方法

Charnes 等[134] 将基准化思想融入 DEA 方法中，提出了基准化评价方法，该方法将被非有效决策单元参考较多的有效单元排在前面，将参考较少的排在后面，以此对 DEA 有效的决策单元进行排序。Torgersen、Forsund 和 Kittelsen[135] 提出了基准化（Benchmarking）评价方法，该方式通过计算 DEA 有效单元作为非有效单元基准的重要性来完成对有效决策单元的排序，基准化方法通过计算的松弛变量大小度量效率，将松弛变量最小的决策单元定为 DEA 有效的决策单元，提出用基准测量模型评价有效决策单元的重要性，以此得到 DEA 有效单元的排序结果。Sinuany-Stern、Mehrez 和 Barbo[136] 指出如果被非有效决策单元当作改进效率基准的有效单元次数越多，则该 DEA 有效的决策单元将排在靠前的位置，文章先通过统计基准单元次数对 DEA 有效单元进行排序，然后统计非有效单元在变为相对有效前从参考集内移去的决策单元的个数来对非有效单元进行排序。Adler、Friedman 和 Sinuany-Stern[118] 指出该方法并不能保证完整的排序结果。Jahanshallloo 等[137] 提出基于改变参考集的 DEA 有效单元的排序方法，该方法的思想是在 DEA 有效单元从参考集中排除后，若能使得新的 DEA 有效前沿面离非有效单元越近，则该 DEA 有效单元的相对效率应当越高。该方法可在一定程度上避免 SE-DEA 模型可行解不存在的缺陷，但是如果存在多个有效单元没有被选为基准值，那么该方法也不能保证有效区分这些有效单元。Koksalan 和 Tuncer[138] 提出的方法可以避免数据的异常值对效率评价结果的影响。

2. DEA 和其他方法结合

此类方法大多是将多元统计方法与 DEA 方法结合使用，如典型相关分析排序[139]、比率判别分析排序[140]、线性判别分析排序[141]。Sinuany-Stern、Mehrez 和 Hadad[141] 先用 DEA 方法评价决策单元，然后将得到的效率值用 AHP 进行分析，该方法弥补了 DEA 和 AHP 方法单独使用时的不足，得到了更加合理的排序结果。Wu、Yang 和 Liang[142] 将神经网络引入 DEA 方法中，并将该方法应用于商业银行绩效评价中，给出了商业银行改进绩效评价的措施，利用神经网络方法预测了绩效前景。Wang、Liu 和 Elhag[143] 提升了 DEA-AHP 方法评价对象的个数，将该方法应用于桥梁风险评估中。Wang 和 Luo[144] 结合 DEA 方法与 TOPSIS 方法对决策单元进行评价，该方法先引入理想单元（Ideal Units）和负理想单元（Anti-ideal Units）两个虚拟单元，分别求解虚拟单元和各真实单元间的最优效率和最劣效率，然后再计算真实单元最优或最劣效率与理想单元最优或最劣效率的接近程度，利用 TOPSIS 方法度量接近程度，如果被评价的决策单元越接近理想单元的最优效率并且同时又远离负理想单元的最劣效率，则认为该决策单元的效率值越高。

3. 附加信息评价方法

运用附加信息（Additional Information）进行评价的方法在实际问题中也有广泛应用。如果事先掌握了一些投入或产出指标的重要程度，那么可以对重要和不重要的指标权重作一定限制，这种做法既可以使评价结果符合现实情况，又可以提高评价结果的判别能力[145][146]。但是对重要指标赋权虽然有时可以提高 DEA 方法的区分能力，但是这种信息客观性却难以解释，因此可能影响评价结果的客观性。Cook、Kress 和 Seiford[147]，Cook、Kress 和 Seiford[148] 限制了投入产出指标权重间的相互比例，用最小限值替换了无穷小来改进了 DEA 方法的区分能力，但该方法会由于不同的区分强度函数得到相异的评价结果，同时也限制了决策单元对投入产出指标权重的选择[149]。Thompson 等[150] 提出权重置信域方法来对指标权重进行限制，以此区分 DEA 有效的决策单元。Wang、Luo 和 Liang[151] 将投入产出数据进行标准化，在每个 DEA 有效的决策单元保持有效的前提下计算了一系列模型得到了有效决策单元权重的最大值，从中选定一个作为对指标权重的限制，提高了 DEA 对有效单元的区分能力。

4. 情景相关评价方法

为评价决策单元相对效率，Seiford 和 Zhu[152] 给出了基于比例变化的情景相关（Context-dependent）DEA 方法，该方法在评价决策单元时利用了 CCR 模型，得出第一层有效前沿面和有效单元，然后去掉第一层的有效单元后评价剩余的决策单元，如法炮制，直至再无决策单元时停止计算。此时得到了多个有效前沿面，每一个前沿面都作为待评价决策单元的一个参考前沿，每个决策单元隶属一个有效前沿，通过与不同前沿面进行比较得到相对于各层前沿面的效率值。Morita、Hirokawa 和 Zhu[153] 提出了基于松弛变量的情景相关的 DEA 方法，并通过实例表明该方法可得到与 Seiford 和 Zhu[152] 不同的有效前沿面，为非有效单元提供了更加合适的基准。Chen、Morita 和 Zhu[154] 将情景相关的 DEA 方法应用到图书馆绩效评价中，该方法对相对有效性的评价依赖于有效前沿面和非有效单元。Ulucan 和 Atici[155] 提出了基于指定测度的情景相关 DEA 方法，对世界银行的减轻社会风险计划进行评价，给出了改善决策单元的建议。

（四）评价方法述评

在城市公共交通绩效评价方法的选择上，以往的研究采用的方法有层次分析法、模糊评价法、SFA 方法和 DEA 方法等。目前看来，SFA 方法和 DEA 方法在城市公共交通绩效评价中占据主导地位，由于 SFA 方法需要明确边界生产函数的具体形式和变量，所以事先要对函数形式和变量分布进行选择，有时会使得计算复杂化，采用 DEA 方法可以避免对生产函数和变量分布进行选择的困扰，易于处理多个投入产出时的效率，所以以往的研究大多是基于 DEA 方法或其扩展方法展开的。虽然 DEA 方法及其拓展方法存在着诸多优点，但是在使用中却存在以下不足和缺陷：

1. 维数扩张会降低判别能力

投入产出指标数量的维数会对评价结果产生重要影响，通常效率值会随着指标权重空间维数的增加而变大，从而增加了有效决策单元数量，导致 DEA 方法的判别能力下降。

2. 区分有效和非有效决策单元能力不强

DEA 方法虽然能将决策单元区分为有效和非有效，但是，在对有效和非有效单元进行排序时存在缺陷。虽然超效率评价方法能够对有效单元进行区分，但在某些情况下可能会导致不可行的解，此时需要对原有方法进行优化和改进，以此来进一步区分有效单元。

3. 最优权重选择异常灵活

基于自评体系的 DEA 方法得到最优权重时极端灵活，一些原本无效的决策单元可能会由于刻意选择的最优权重导致效率偏高，容易夸大某些产出上的长处，规避一些投入上的不足，从而导致最终的 DEA 效率不真实。另外，在一些情况中，在决策单元上施加的限制条件不能保证最优权重在同一权重空间中取得，不利于最终的比较和排序。

4. 最终结果的不唯一性

由于 DEA 方法是从最有利于被评价的决策单元出发进行评价，如果数据中存在着有绝对优势的决策单元，那么它总是 DEA 有效的，因此并不能客观全面地反映决策单元相对效率差异。而且有效的决策单元可能并不唯一，它们之间的效率不可比，给决策单元效率判别和区分带来了困难。为解决这一问题，许多学者采用了诸如超效率评价方法、交叉效率评价方法、引入二次目标规划、博弈交叉效率评价方法等，但是这些方法并不能总是保证最终效率的唯一性。

五、本章小结

本章对城市公共交通绩效评价问题的研究进行了归纳和梳理。首先，给出了绩效评价的概念和框架；其次，对城市公共交通在绩效评价角度、评价指标和评价方法中的研究现状作了归纳和评述；最后，总结了不同学者对上述问题所持的观点和存在的分歧，分析了评价角度、评价指标和评价方法的不足。

第三章　城市公共交通绩效评价理论框架构建

公共交通行业指的是由公共汽（电）车、轨道交通、出租汽车、轮渡等交通方式组成的公共客运交通行业，是城市经济社会发展所需的重要基础设施，也是关系国计民生的社会公益性事业。公共交通的作用是给所有出行者提供便利、安全、舒适、经济和高效的交通方式，吸引更多出行者选择公共交通出行，提高道路利用率，缓解道路拥挤、环境污染等问题。

城市的公共交通服务评价监管等职责由政府管理部门负责，运营企业提供公交服务，提供公交服务的方式多种多样，如常规公交系统、快速公共交通系统和辅助公共交通系统，不同的交通方式带来的能源消耗、环境污染和交通服务也不尽相同，高效的交通方式要提高交通出行率，实现经济、社会和环境的可持续发展。常规公交系统包括公共汽（电）车、有（无）轨电车，以公共汽（电）车为主，它具有灵活性和机动性特点，成本较低，是目前城市使用的最广泛的公共交通系统。快速公共交通系统包括地铁、轻轨和城市快速铁路等方式，具有运量大、速度快、可靠性高等特点，成本较高。辅助公共交通系统包括出租车、轮渡和索道等方式，具有较强的灵活性。截止到 2014 年底，我国拥有公共汽（电）车 42.87 万辆，出租车 93.23 万辆，获批建设规划轨道交通的城市已经达到 36 个，全年客运总量 223.77 万人。从效果来看，轨道交通运输量大，但不是所有城市都有完善的轨道交通体系，出租车灵活性高，给居民出行带来了多种选择，但是运输量小，只是常规公共交通系统的一种辅助形式，所以，目前常规公交系统仍然是公共交通的主要出行方式。

考虑到一些城市并没有轨道交通和轮渡交通方式，出租汽车也并不是居民出行的首要选择，为增强可比性，本书所述的公共交通主要是指由公共汽（电）车组成的传统公共交通行业，不包括轨道交通、出租车和轮渡等交通方式。

从微观层面来讲，企业的运营模式指的是企业如何结合内部的劳动力、资本和信息等生产要素进行生产。由于公共交通行业的特殊性，公共交通企业不可能完全通过市场竞争来完成企业运营，必须在政府或公共交通管理机构要求的框架内展开运营。本书所研究的运营模式指的是在宏观层面上，公共交通管理机构与运营企业在公共交通中结合资本、劳动力和信息的方式，并不是企业的微观运营。

本章将城市公共交通运营模式从企业运营方式和政府管理方式两个角度进行界定，分别介绍了两种角度下的城市公共交通运营模式特点、类别、属性以及趋势。介绍了样本城市选择的依据，构建了面向运营模式下的城市公共交通绩效评价理论框架。具体内容安排如下：第一节对城市公共交通运营方式和管理方式做了介绍；第二节按照企业运营方式对城市公共交通运营模式进行界定；第三节按照政府管理方式对城市公共交通运营模式进行界定；第四节对本书的样本城市选择做了说明；第五节构建了面向运营模式的城市公共交通绩效评价理论框架；第六节对本章进行了简要总结。

一、引言

为了对不同运营模式下的城市公共交通绩效进行评价，首先需要对城市公共交通运营模式进行界定，本书从企业运营方式角度和政府管理方式角度出发对公共交通运营模式进行了界定。

在企业运营方式的改革历程中，我国许多城市都对公共交通企业的运营方式进行了多种改革尝试，呈现出国有垄断化运营和准市场化的多元化运营以及两者结合的混合化运营方式间的摇摆不定，总结起来大致分为三个阶段。在改革开放之前，公交服务完全由政府提供，政府通过给国有企业发放财政补贴的形式为城市提供公共交通服务，由国有企业实行垄断化运营。国有企业重视更多的社会效益而忽视了企业的利润水平，使得企业常年亏损，政府财政压力加剧，导致的结果是公交服务效率低下。2002 年，建设部出台了《关于加快市政公用行业市场化进程的意见》，鼓励社会资金、外国资本采取独资、合资、合作等多种形式，参与市政公用设施的建设。在此之后，由于强调了市场化供给机制，众多民营企业进入公交市场，提供公交服务，形成了多元化运营方式。然而，由于各个城市对公共交通改革的思路和方式不一，一些城市由国有公交企业、民营公交企业（甚至有不正规的黑车）提供公交服务。运营所有者不同，导致竞争无序，甚至出现恶性竞争，客运市场上争抢线路、争抢客源等事件时有发生。2003 年，湖北十堰成为我国首个公共交通事业全面市场化的城市，被行业内部称为打破公用行业市场的破冰之旅。但是，好景不长，2008 年，民营化的十堰公共交通五年间出现四次罢运①，极大地影响市民日常出行和社会稳定，十堰市政府强制收回了公交特许经营权。市场化改革中，政府为了平衡国企和民企间的利益，在票价、优惠和特许权方面对企业实行严格控制，限制了企业调整票价和新开线路等要求，对公共交通市场的竞争无序局面进行了遏制，但是由于公共交通企业收入微薄，服务水平低下等问题仍然存在。为了解决市场化改革中出现的公交服务质量下降等问题，一些城市简单地重新回到由国有企业垄断化运营的方式，强制民营企业退出公交市场，限制私人资本进入公交市场（如重庆、广州、长沙等城市陆续将私人资本退出公共交通行业，重回国有垄断化运营），还有城市走了折中之路，即由国有企业通过控股或参股的形式和民营企业一起运营公交市场，但是国有企业掌握企业控制权的混合化运营方式。总之，无论是市场化改革还是国有

---

　　① 田建军. 湖北十堰公交民营化改革搁浅　职工 5 年 4 次罢运［EB/OL］.［2008-04-29］http：//news. sohu. com/20080429/n256570098. shtml.

化回调，最终目标都是改进公共交通服务的运营方式，争取在一定的政府投入下尽可能多地提高公交服务水平。不论是国有化运营还是国有和民营组建多元化运营，抑或国有控股实行混合化运营，其认知前提都是城市公共交通的企业运营方式会影响公共交通服务结果。实际上，由不同运营方式带来的公交服务间的差异也正是学术界需要深入研究的一个课题，深入研究和分析不同运营方式的差异，尤其是公共交通服务效率间的差异，可以为科学合理选择公交服务的运营方式提供理论依据。

在政府管理方式的改革历程中，我国城市对公共交通行政管理方式的改革进行了积极的探索。2008 年，交通运输部办公厅印发了《地方交通运输大部门体制改革研究》和《深化中心城市交通运输行政管理体制改革》的通知，要求交通运输部门转变职能、理顺关系、创新体制，实行大部门体制改革研究和试点。2008 年党中央和国务院也出台了《关于地方政府机构改革的意见》，在国家层面推动改革进程。城市公共交通的管理过程中涉及交通、市政、公安、规划、建设、国土、城管、财政、物价、工商等多个部门，过去一段时间，我国的公路交通管理由交通部门负责，城市道路建设由建设部门负责，交通秩序、停车管理和安全管理等问题由公安部门负责，形成了由交通、市政、城建和公安等多部门交叉管理的方式。由于规划、建设、管理和服务部门众多，职责不明晰，技术标准不同，衔接机制不畅，城市公共交通发展中的矛盾很多，公共交通服务效率低下，严重影响了公交系统服务质量的提升。随着城市规模的扩大和人口的增长，公共交通拥堵、出行不便和安全等问题凸显，很多城市开始研究如何以运营服务为中心，各种公共交通工具之间相互配合，共同形成城市的公共交通集成系统，逐步扩大了城市交通管理机构的权力和职责，形成了一体化管理方式，城市交通部门除承担公路规划建设和水路运输管理职能外，对公路运输、城市公交、水路客货运输和城市区域范围内的道路客运进行统一管理。借助一体化管理方式为乘客提供安全、便捷、舒适、准点、经济的运营服务，满足城市发展和居民出行需求，为城市经济社会文化的可持续发展提供必要的保障。但是，随着经济的高速发展，公共交通的管理与公共交通服务之间的矛盾日益加剧，逐渐成为阻碍城市公共交通乃至城市可持续发展的制约因素之一。一些城市尤其是特大城市通过调整交通管理机构整合交通资源，优化资源配置水平，降低行政成本和沟通成本，提高公共交通效率，实现交通规划、基础设施建设、运输服务和监督监管等职能的集中管理，在公共交通决策、执行、管理、协调、调度、监管等职责上形成统一管理，即一城一交管理方式。为了全面深化交通运输改革，推进交通运输治理体系和治理能力现代化，完善综合交通运输体制，深化交通大部门制改革，探索改进公共交通管理方式，引导城市合理的发展模式，2014年12月，交通运输部又下发了《交通运输部关于深化交通运输改革的意见》。总之，不同的管理方式也会对公共交通服务造成影响，需要深入剖析不同管理方式带来的差异，通过对效率的分析为合理选择城市公共交通管理方式提供理论支撑。

由于不同的企业运营方式和政府管理方式可能给城市公共交通服务效率带来影响，城市公共交通管理机构选择不同运营模式的前提和依据是评价不同模式间的效率差异，为此，需要对城市公共交通运营模式做出归纳和界定，为测算城市公共交通服务效率提供依据。

二、城市公共交通运营模式Ⅰ（企业运营方式）界定

（一）城市公共交通运营特点

城市公共交通属于公共事业，在运营服务上具有差异性。首先，公共交通运营具有明显的规模经济特性；其次，由于公共交通服务是一种准公共物品，公共交通运营虽然不能完全由市场决定，但具有可竞争性；最后，公共交通运营中存在混合产权特性和运营复杂性等特点。

1. 运营服务的差异性

公共交通提供的服务是一种无形"产品"，这种产品与传统的公共服务产品

之间是有差异的，如城市供水供电等服务提供给不同居民之间是无差别的，但是将不同居民运送到不同地点是存在差异的，甚至于运送时段不同、运送耗费时间也是有差异。所以，即使是同一运营方式下的不同公交线路，或者是同一公交线路的不同时段的公共交通运营服务都是有差异的。另外，公共交通运营服务在生产和消费上也具有差异性。与普通制造业相比，制造业生产的产品就是消费者用于消费的产品，而公共交通企业生产的"产品"是车公里，是成本的概念，但对于乘客来讲，消费的是服务人公里，是收入的概念，这种差异来源于车公里对应的是相对固定的成本，而人公里对应是随使用者数量的变化而变化的收入。

2. 规模经济特性

城市公共交通运营具有明显的规模经济特性，因为随着使用者数量的增加，城市公共交通服务的平均成本在下降。额外运送一名使用者的边际成本很小，当运送数量越多时，使用者的平均成本就越低。即使考虑到使用者的时间成本，公共交通也存在规模经济。

3. 可竞争性

已有研究认为公共交通运营具有自然垄断性，仔细分析便可发现，虽然很多城市对公共交通行业采取了垄断运营方式，但是，这种垄断属于人为垄断，与自然垄断有所区别。为避免同线路间的恶性竞争，维护正常交通秩序，城市公共交通的每条线路都是垄断的，但是，这并不意味着只能依靠垄断方式运营城市公共交通才是正确的，在不同城市、不同区域或不同运营线路中是可以存在完全不同性质的公交企业的。我们知道，城市公共交通服务不同于私人产品和公共产品，属于准公共产品范畴。政府提供公共产品，市场提供私人产品，而准公共产品可以由政府提供，也可以由市场提供（政府须提供财政补贴）。从各城市的实践来看，公共交通企业通过市场竞争获得某一时期按照公共交通管理机构制定的标准提供相应的公共交通运营服务权利。如欧洲的法国、西班牙、丹麦和芬兰等国都放开了公共交通市场，运营企业竞争的是排他的运营权，并不是对公共交通市场的彻底放开。实践表明，公共交通运营具有可竞争性。

4. 混合产权特征

由于公共交通是准公共产品，故各城市的公共交通管理机构需要对公共交通实行票价限制，不同的限制会影响公交企业回收成本和领取财政补贴的方式，故而体现了公共交通运营服务的混合产权特征。如果公交企业的成本能够完全由乘客的票款收入和其他收入弥补，那么公共交通服务就是私人产权。如果公交企业的成本完全由政府的财政进行补贴，即免费公交，则体现为公共产权。从国内外城市的普遍情况看，公共交通企业的成本一部分由使用者通过票价来弥补，剩下的部分由政府通过财政补贴承担，体现了混合产权特征。

5. 运营复杂性

从宏观运营主体来看，城市公共交通运营主体有国有企业、民营企业、公私合营等，有的城市还采用挂靠运营和承包运营形式，运营主体复杂。从微观运营层面来看，城市公共交通点多面广、流动分散，运营线路和运营时间长，停靠站点多，通达区域广，运营方式复杂。另外，由于城市公共交通运营企业需要按照城市公共交通管理机构制定的标准展开运营服务，在微观运营方面不能自主运营，如进入管制（由公共交通管理机构授予企业某条线路运营权）、票价管制（为低收入使用者提供出行保障）、社会安全管制（减少公共安全事故、降低安全隐患等）、发车数量管制（保证高峰期和低峰期用车数量）、运营管制（必须完成正常公共交通运营业务，准点运行，不允许停开、漏开，更不能随意裁减或缩短路线，节假日必须正常运营）等，故公共交通运营存在复杂性。

（二）城市公共交通运营方式类别界定

国外发达国家的公共交通运营方式大致可以分为三类，国有垄断化运营、民有多元化运营和公私合营的混合化运营。法国的公共交通基础设施所有权归地方政府，但经营权由运营企业负责，公交企业与城市交通管理委员会签署服务合同，不承担公共交通基础设施建设的投资风险。依靠健全的法律、法规、财政补贴等激励政策，法国城市公共交通企业形式多样，既有民有运营方式，也有国有运营方式，还存在公私合营方式，由政府出资建立公司的为国有垄断化运营、政府授权公司运营但由政府控股或参股的是混合化运营，由国有和民营共同运营的是多元化运营，在城市公共交通运营中占据主导的是多元化运营方式。德国的城市公共交通一般由数量众多、规模各不相同的民营企业参与运营。德国的公共交通市场化改革为公交运营的良性循环打下了基础，提高了服务效率，降低了成本。在民营化的公共交通上，政府通过招标和指定方式选择不同的民营公交企业，但招标占据主导地位。政府招标时首先要对公交线路、服务质量、服务方式做统一要求，通过招标选择票价最低的一家或多家企业展开运营。香港的公共交通是政府通过招标或授予的法定程序，准许民营企业获得一定线路或特定区域内独家经营公共交通的专营权，通过事先签订的专营合同明确政府和企业之间各自的义务和权利。政府不直接参与公共交通运营，而是通过适度监管和引入竞争，鼓励运营企业持续提高公交服务水平。地方政府为鼓励公共交通企业自己扩大经营、更新设备和改善公交服务规定了公共交通经营收益，同时，地方政府以放弃专利权税换取了部分插手公交企业的运营权，委派两名政府官员加入公交企业董事会，参与企业的发展规划和管理决策，加强对专营的监督。

我国的城市公共交通基础设施由国家投资，按照企业运营方式的差异可以将运营方式分为以下三类：垄断化运营、多元化运营或混合化运营。在垄断化运营方式下，公交运营企业由国家投资建立的国有企业负责公共交通运营。在多元化运营方式下，城市公共交通运营企业既有国有企业也有民营企业，共同担负城市的公共交通运营服务。混合化运营方式容许民营企业运营城市公共交通，但是国有企业通过控股或参股方式控制企业所有权，类似法国的公私合营方式。

1. 垄断化运营

通常此种方式是通过政府下设的公共交通管理机构负责公共交通建设、管理、运营和监管，企业的运营方式是由国有独资企业提供公共交通服务。垄断化运营方式的产权属于政府，是政府导向模式，公共交通的服务提供者来自政府部门，由政府或下设的管理机构对其进行管理。垄断化运营方式的优点在于公共交通管理机构在公共交通建设、维护、运营、管理及调度等方面非常便利，短期内能给使用者提供较高的出行福利。但是，长期来看，这种方式在城市公共交通运营中效率低下，究其原因在于运营企业是国有企业，需要接受政府下设管理机构的管辖，管理机构的中心工作放在了维持企业运营上而不对企业进行有效监管。而且企业是国有企业，产生的亏损全额由政府买单，企业大多会从满足更多居民的出行需求出发，注重社会效益而不注重运营利润，缺乏降低成本、提高效率和对公众需求做出快速反应的激励，很难适应快速发展的城市公共交通的需求。故垄断化运营方式下的国有企业连年亏损，财政补贴逐年增加，政府的财政压力越来越大。

2. 多元化运营

在国内外很多国家和地区，考虑到城市公共交通的社会公益性和缓解城市交通拥挤的需要，大多采用了国家投资建设，公共交通市场的企业运营方式由市场决定。多元化运营下的公共交通服务由市场机制来管理和运营，公共交通服务的提供者是私营企业，通常由多个主体参与运营，企业的产权大多属于私有企业，是市场导向模式。考虑到我国城市公共交通服务的提供者并没有完全由市场机制决定，和真正意义上的市场化运营有差距，本书没有采用市场化运营方式的提法，而是将这种运营方式称为多元化运营方式。多元化运营的缺陷在于对公共交通规划、建设、运营、监管和服务中的制度还不够公平。例如，公共交通管理者希望维持低票价来增加居民的出行福利，就会通过政府财政补贴的方式来激励企业运营，但是很少有城市可以提供清晰明确、可量化的数量指标对公共交通进行绩效评价，故财政补贴对企业的激励效果会大打折扣，致使企业间的补贴额度不公平，最终会导致公交企业提供的公共交通服务质量参差不齐，私营公共交通企业会因为片面追求经济效益而忽视服务质量和运营安全等问题，超载、超速等不安全行驶的情况很普遍，由此而引发的交通事故会对城市公共交通和社会环境产生长远影响。

3. 混合化运营

考虑到单纯由国有独资企业运营产生的低效和私企运营产生的无序会导致居民出行福利的降低，很多城市采用了混合化运营方式。混合化运营方式下的公共交通服务由国有企业和私有企业共同提供，不再由政府单方面提供，考虑到公共交通的公益性特征，采用混合化运营方式的城市大都由政府或国有企业通过控股或参股形式决定或影响企业运营，所以我国城市的混合化运营方式还是属于政府导向模式。在该方式下，由公共交通管理机构负责制定公共交通政策和制度，包括票价政策、审批投资、运输频率、交通基础设施规划、建设和监督、发放特许经营权、规划运营线路、协调公共交通各项服务以及对公共交通企业进行监管和发放财政补贴等。混合运营方式中的企业采用的主要方式为国有企业和私营企业共同组建公共交通公司，国有企业通过控股或参股私营企业占据主导地位，控制企业运营。国家投资建设公共交通基础设施，并将公共交通运营权出租给混合制企业，由企业采用半市场化运营方式尽可能做到收支平衡。

为了研究不同运营方式给城市公共交通服务效率带来的影响，我们整理了全国 36 个中心城市，即 4 个直辖市、27 个省会城市及大连、青岛、宁波、厦门和深圳 5 个计划单列市的公共交通运营方式，并将其分为三类（见表 3.1）。

表 3.1 不同运营方式下的城市划分

	定义	典型城市
垄断化运营	国有独资企业提供公共交通运营服务	北京、石家庄、太原、呼和浩特、大连、南京、厦门、杭州、南昌、合肥、济南、青岛、武汉、长沙、郑州、广州、重庆、成都、南宁、海口、贵阳、昆明、兰州、银川、乌鲁木齐、拉萨
多元化运营	国有企业和民营企业提供运营服务	沈阳、哈尔滨、上海、西宁、宁波
混合化运营	国有企业通过控股或参股和民营企业组建有限责任公司提供运营服务	天津、长春、福州、深圳、西安

注：城市划分数据提取自各城市运营集团或运营企业的介绍。

在运营方式方面，国外城市的公共交通企业多采用由私营部门运营、政府所属企业运营、公私合营等多种方式。在运营内容和形式上着力发展多业经营（如租赁、广告等），与国内城市单一化提供公交服务形成鲜明的对比。在国内，大部分城市还是采用以国有企业为主的垄断化运营方式，没有适应市场经济的发展要求。不同运营方式之间的发展历程如图 3.1 所示。

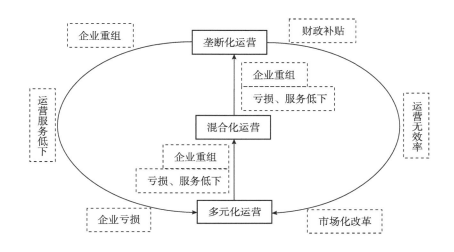

图 3.1 不同运营方式之间的发展历程

当前公共交通运营方式主要是垄断化运营和多元化运营（混合化运营可认为是这两种方式的结合），它们体现了政府导向和市场导向两种形式。虽然各个城市公交企业会依据历史情况、地理位置、政策法规等具体情况选择何种方式来运营，但是，新公共管理理论表明，市场导向下的城市公共交通服务要比政府导向的运营方式更有效率，能够满足更多使用者对公共交通服务的出行需求。王欢明和诸大建[9]对政府经营方式和市场导向方式下的城市运营方式进行了比较，本书对不同运营方式下公共交通服务理论进行了比较，如表 3.2 所示。但是，需要强调的是，关于效率值高低的结论在我国城市公共交通服务中还没有经过实证检验，本书接下来的章节会对不同运营方式下的城市公共交通效率进行评价。

表 3.2 城市公共交通运营方式比较

	垄断化运营	多元化运营	混合化运营
理论基础	规模经济	市场竞争	兼顾规模经济和市场竞争

续表

	垄断化运营	多元化运营	混合化运营
目标	社会效益最大化	市场收益最大化	兼顾社会效益和市场收益
导向	政府导向	市场导向	兼顾政府导向和市场导向
所有权	国有企业	国有和民营企业	国有控股企业
竞争程度	小	大	一般
过程	国有企业控制	市场引导	占股多数企业控制
效率	效率低	效率高	效率居中

垄断化运营方式下的政府通过国有企业拥有城市公共交通服务的产权，由国有企业提供公交服务，政府的相关部门间接管理国有企业。这种方式下，国有企业的运营完全由政府及其管理者的利益和意志所决定。管理者希望通过绝对的控制保障城市居民的出行需求和公共交通市场的有序运营。这对于开辟偏远地区线路，长期保持低票价和优惠政策很重要，但是垄断化运营方式通常会带来公交服务的效率低下。在计划经济体制时期，我国的公交服务大多是由国有企业实行垄断化运营，如今很多城市认为垄断化运营能达到规模经济，从而更有成本优势，于是通过重组合并公交企业，重新回到了垄断化运营方式。

市场导向下的多元化运营方式通常考虑的目标是市场收益最大化。这种方式的最终形态是市场化运营方式，即城市公交服务完全民营化，公交服务完全由市场机制来运营，追求优胜劣汰，强调市场的竞争作用。当竞争者数量多时，竞争充分，公交运营企业的组织规模较小，灵活性高，能在竞争中获胜，从而提供高水平的服务。目前，我国城市里存在的多元化运营方式只是市场化运营方式的中间形态，未能达到充分竞争。

兼顾社会效益和市场收益的混合化运营方式会综合行政和市场手段，引导已有的公交企业提供高质量的公交服务。目前，这种运营方式由国有企业与民营企业共同合作提供公交服务，采用此种方式下的城市大多采用国有企业控股超过50%来主导企业的运营权，以此避免民营企业罢运等带来的社会风险。此种方式下，政府不再直接生产公交服务，而是通过事先达成的合同购买相关公交服务，政府通过实行企业准入机制、线路经营特许权、财政补贴机制、绩效考核机制、退出机制等来约束企业行为，为城市公共交通服务市场创造竞争环境，以此来提高公交服务水平。

（三）城市公共交通运营方式属性界定

由于城市的政策法律法规环境、经济文化发展水平、历史情况、地理位置、公交市场环境和公交企业的不同，对公共交通运营方式的选择也会不同。城市公共交通是一个复杂的系统，运营方式的形成与发展受到多方面的因素影响。本书将从政策法律法规环境，城市社会经济发展环境、公交市场资源环境、公交企业运营环境四个方面进行分析。

1. 政策法律法规环境

由于城市公共交通服务是一种准公共产品，单纯依靠市场会导致服务水平降低。政府管理部门对企业的运营提供财政支持，所以需要受到政府管理部门的监管，因此国家的政策、法律和各城市出台的法规、条例等因素对城市公共交通运营方式的选取至关重要。国家和地方出台的交通政策、法律和法规包括运营方式、投资融资渠道、优惠政策、财政补贴、评价指标体系等。改革开放之后，我国就开始对公共交通运营方式进行改革，多次出台了相关政策和法律，制定了公交优先发展的国家战略（国发〔1985〕59 号、建城〔2002〕272 号、建城〔2004〕38 号、建城〔2006〕288 号等），改变公共交通由国有企业垄断运营方式，鼓励民间资本进入城市公交市场，引入竞争机制来解决市场失灵，形成市场导向的公共交通运营方式。但是纯粹的市场导向运营也存在弊端，近几年，国家又出台了一系列政策和法律法规（国发〔2012〕64 号、交运发〔2013〕368 号等），提出多元化发展、公交优先和回归公益性。

2. 城市社会经济发展环境

城市所处的历史背景、地理位置和社会经济发展水平、人口规模、城市规模、出行特征的不同对运营方式的选择也有差异。例如，西宁市出于历史原因形成了多元化运营方式，政府在 2007 年希望重组公共交通企业变成国有垄断化运营方式，但是到 2010 年，资产合并失败，目前还是由国有和民营企业共同提供公交服务。地理位置的不同对城市运营方式也有显著的不同，如重庆、兰州等城市受到地形影响，公共交通运营方式采取了垄断化运营。另外，城市经济发展水平、人口规模、城市规模等情况的不同对居民的出行特征影响较大，从而也成为制约城市选择公共交通运营方式的因素。

3. 公交市场资源环境

另外，城市公共交通市场资源配置情况也是影响运营方式的重要因素，具体包括城市的道路特征、市场竞争环境等。道路特征指的是道路等级（快速路、主干道路、次干道路、支路等）、路段划分（市区、郊区等）、道路容量、路权设置（公交专用车道、BRT 专用车道、优先通行权利等）、公共交通基础设施（公交场站、枢纽、站点、线网、信号灯、智能公交信息查询平台）。市场竞争环境包括不同运输方式（如公共汽车、轨道交通、BRT）的行业内部竞争和多家公共交通企业的行业外部竞争。

4. 公交企业运营环境

影响运营方式的因素还包括企业的运营环境，比如企业的激励制度和企业资源状况等。企业的激励制度对公交服务效率有影响，运行良好的激励制度对员工产生正的激励，吸引和留住员工，企业的资源状况包括企业资产规模、薪酬状况等。

公共交通运营方式属性界定如图 3.2 所示。

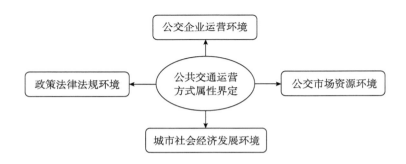

图 3.2　公共交通运营方式属性界定

（四）城市公共交通运营方式趋势

未来我国城市的公共交通运营方式应该通过引入市场竞争来提高效率。政府通过设计规则允许在竞争性业务领域内的企业共同运营公交线路，对单一的公交运营方式进行分割，企业通过特许经营方法经营公共交通线路网络资源，由多家公交企业经营竞争性业务。经营线路网络资源的企业必须接受政府管理机构的监管，由多家参与竞争性业务的公交企业共同持股经营。可以根据城市自身特点采用多元化或混合化运营方式，这种方式对协调垄断业务与竞争业务间的矛盾非常有利，并且有利于企业对乘客出行需求做出及时反应。拥有城市公交线路网络经营权的企业可以是交通管理机构牵头成立的城市公共交通产业集团，下设独立的公共交通公司和合资公司来具体负责公交服务的运营，这样以形成有限竞争格局。

这种市场导向的公交运营方式是城市公交运营方式理想的选择。城市公共交通实施特许经营，通过合同约定将城市公共交通业务交由政府委托的公交企业运营。城市公共交通管理机构主要负责公交运输服务的规划、协调、制定公共汽车票价及政策以及保障企业提供优质的公共交通服务。各个公共交通企业通过市场竞争机制提供公交服务，政府选择优秀的公共交通企业，与之签订公共交通运营合同，明确运营线路、运营服务质量、发车频率、票价政策以及其他服务标准，监督企业提供高品质的公共交通服务。对于未能按照约定履行合同义务的公交企业，政府可以责令整改或取消合同，重新选择其他公共交通企业。同时，公共交通企业要对承租的业务进行积极管理，承担风险、自负盈亏。这样既保证了政府对于城市公共交通管理的主导性，又保证了城市公交的公益性，真正使这一体系发挥基础性作用，同时兼顾了城市公共交通的多变性，在一定的范围内赋予了城市公共交通系统弹性，使其充满活力，在不断调整变化中满足城市的发展需要和人们的交通出行需要。

要改进城市公共交通运营方式，实现公共交通的竞争性格局，需要从以下两个方面确立公共交通运行机制。

1. 设立公共交通市场准入机制

公共交通的市场准入是一种行政许可行为，分为两类，一是特殊许可，即一般所说的特许经营权，二是普通许可。考虑到公共交通行业的特殊性，准入的方式只能是特殊许可，特许经营。特许经营制度是指通过拍卖等形式在公共交通市场中引进竞争机制，让多家企业对特许经营权展开竞争，在约定的公共交通服务质量要求下，由出价最低的企业获得特许经营权。获得特许权的公共交通企业在特许经营期内必须履行服务承诺，向公共交通使用者提供高品质且经济实惠的公共交通服务，同时，为保证获得特许经营权的企业追求规模经济，政府确保禁止其他公交企业进入公交市场。政府在特许经营权到期后再次组织公共交通企业对特许经营权展开投标。目前，一些城市对公共交通特许经营制度的实践和探索获得的最佳途径为将所给予的经营垄断权限制在一定的时期内，特许经营权结束后再进行新一轮的投标竞争，承诺以最低收费、提供最优质服务的企业获得新的特许权。特许经营合同是特许经营的基础，合同中应该规定特许经营期限、服务质量标准（包括运营路线、运营时间、发车频率、发车间隔、车辆安全、车辆设施、维修保养、司售人员等要求）、服务质量监督权责等。公共交通企业在被授予某条公交线路的特许经营权后，享有在该线路上按合同规定提供公交服务的权利。服务质量监督也是公共交通特许经营合同中的执行文件，它规定了公共交通服务质量监督的内容，制定相应的评价标准和评价办法。服务质量监督结果是衡量公共交通企业提供公交服务的主要依据，同时也是公交企业获得特许经营权的招投标资格、特许权授予或回收的尺度。具体的服务监督由城市交通管理机构和公交使用者共同参与，采取公交线路不定期抽查和定期检查等方式进行考核。

我国很多城市规定公共汽车运营线路实行特许经营权的制度，实行公交线路经营权的有偿出让。对于公交线路经营权有偿出让期限的规定，各城市有所不同，如上海市规定线路经营权每期不得超过八年，南京市规定线路经营权使用年限是三年至五年，各个城市对线路经营权的使用年限规定没有一个明确和统一的规定，均是由各个地方政府自行制定，由此引发了一系列公共交通运营和管理问题，这需要政府职能部门对城市公交市场的特许经营制度进行规范化管理和监督。

2. 设立公共交通企业退出机制

建立了准入机制的同时，必须对已经进入的公交企业建立退出机制。与准入机制不同，退出机制是保证居民的出行利益不受损害的制度。缺乏对公交企业的退出机制可能会使公共交通服务供给不能满足公交需求，影响城市公交的运营稳定。如果公交企业符合退出机制要求，不论是何种所有权结构都应当列为退出对象。同时，对退出的公交企业要做出补偿，可以根据退出市场后企业遭受的经济损失程度进行补偿。另外，也不能停止引入新的经营企业。通过创造公平环境，让所有符合条件的企业都有机会进入竞争，保证公共交通服务的持续性，防止因公共交通运营变革给城市居民工作、生活和出行带来不良影响。

三、城市公共交通运营模式Ⅱ（政府管理方式）界定

（一）城市公共交通管理特点

如前所述，城市公共交通服务提供的是一种准公共产品，在注重市场效益的同时还应该尽可能多地满足社会效益。作为企业来讲，需要尊重市场规律，注重成本和收入，但是作为公共事业来讲，则必须保证社会公益性，追求社会福利的最大化。不能因为追求经济效益而罔顾社会效益，同时也不能只追求社会效益对经济效益不管不顾。两者的平衡需要政府和市场两方面共同约束，追求经济效益与社会效益的双赢。

1. 基础设施规划建设的前瞻性

由于城市公共交通出行需求难以预测，而公共交通基础设施的建设需要一定时间，为了保证城市公共交通供给能够满足出行需求，在城市公共交通的基础设施规划和建设上要适度超前，要考虑到规划、建设的提前量，体现前瞻性，等到

居民出行需求爆发之后才开始规划建设是不明智的选择。

2. 管理主体的多元性

当前，我国很多城市对公共交通的管理方式都不太一样，一些城市由建设、规划、交通、城建和市政等部门进行管理，还有一些城市建立了城乡公共交通一体化的管理方式，在一些特大城市成立了由单一部门统一协调管理城市公共交通事务的综合交通管理方式。

3. 管理过程缺乏协调性

城市公共交通管理部门之间缺少高效的沟通、协调、联动机制，难以对多变的出行需求对城市公共交通的影响做出实时反应，当然也无法采取协调、一致的改革措施。即使是对于单一部门的交通管理方式，同级别的部门或和不同级别的部门间的协调也很难保证一致。

（二）城市公共交通管理方式类别界定

发达国家非常重视城市公共交通体系的规划和管理，他们将整个公交系统看作一个整体进行统一的规划和管理，通过整合相近的功能、统筹相关职能、集中管理业务范围趋同的事项，建立并实行了统一管理的综合交通管理方式。

发达国家和地区采取的公共交通管理方式也不太一样，管理方式随着交通运输业的不断发展而调整。美国在19世纪70年代成立了交通运输部，将原来分散的交通管理职能和相关事务集中化，实现了全国交通事务的集中管理。美国的交通部下设公路总署、公共交通总署等，各州设有州政府交通厅、公共交通事业委员会等，地方政府设有交通局，公共交通局等管理机构，城市的公共交通规划、建设和管理等职责主要由各城市的公共交通局承担。法国城市通过成立城市交通管理委员会来负责城市公交规划和建设，公交企业和管委会签订公交服务合同，公交设施归地方政府所有。交通管理委员会是交通管理机构，但是由于一些城市规模有限，在经济上难以独自承担运营费用，而且城市区域空间也不足以建立高效的公交网络，因此，法国城市的公共交通管理整合若干行政区域，形成城市交通服务区进行统一管理。由各相关城市的议员组成城市交通管理委员会，管委会将城市交通网络建设和管理职责从地方政府中剥离，进行独立管理，管委会是服务区域内的公共交通最高管理者和决策者。地方政府在公共交通投资、管理上不能直接插手，但是可以通过制定的相关法律、法规、政策和合约等形式对公共交通正常运营进行监督和实施激励。日本的交通管理方式也经历了由分散到集中，再到集中等阶段。日本早期的公共交通由规划局制定交通规划，交通局负责城市公共交通的基础设施建设和运营，建设局负责道路基础设施相关业务。国家层面的管理机构由运输省和建设省共同管理，其中运输省主管规划和经营，建设省则对公共交通基础设施的投资、建设和审批负责。具体到城市中，公共交通管理机构包括建设局、城市规划局和交通部门共同负责。交通局负责基础设施建设和运营，建设局负责道路、河流的修缮和管理，管理城市再开发和其他与基础设施相关的业务，规划局则负责制定城市交通规划等政策。2000 年后，日本重新调整了交通管理机构，将运输、建设、规划和国土资源等职能合并，成立了国土交通省，实现了集中化管理。新加坡由公共交通理事会管理城市公共交通，下设政策规划、公交管理、工程管理等部门负责城市公共交通的基础设施规划、建设和运营。英国伦敦交通局全面负责城市公共交通运输和管理，市政部门执行城市交通政策并负责市的所有交通事务。西班牙马德里的大交通局统一规划城市的交通（包括铁路、高速公路、轨道交通、公共交通等），对城市公共交通的运营管理进行协调，促进城市交通资源的利用和协调发展。国外发达国家和地区的城市公共交通管理日趋相近，法国、德国、英国、西班牙等欧盟国家大都实现了集中化的交通管理方式，一些国家甚至将国土、旅游和环境等部门也纳入管辖范围之内。

在城市公共交通管理方式的改革上，我国一些城市进行了一系列的探索并取得了很好的效果和宝贵经验。城市公共交通管理工作涉及诸多管理部门，包括交通、市政、公安、规划、建设、国土、城管、财政、物价、工商等部门，需要按照各自职责协同做好城市公共交通客运管理的有关监督管理工作。城市公共交通的管理主体决定了城市公共交通的管理方式，管理主体不同效率会有差异。这种城市公共交通管理主体之间的权利责任关系就构成了本书研究的城市公共交通管理方式（本书所指管理方式在一些研究中也称为管理体制、管理体制中的发展模式或管理模式等）。目前，我国大多数城市的公交管理主体主要是城建、市政和交通部门，城市的道路交通安全管控通常由公安、交通部门负责。

我国城市的公共交通管理方式按照政府管理方式不同分为以下三种：一是由交通、市政、城建、规划和公安等部门对城市交通实施交叉管理的传统方式；二是由交通部门对城乡道路运输实施一体化管理的方式，这是部分大中城市对城市公共交通管理方式进行的探索；三是一城一交管理方式，即一个城市设立一个城市交通运输管理委员会综合管理交通事务，被一些特大城市采用，如北京、上海、重庆等。

1. 交叉管理

交叉管理方式是指由城建、规划、市政、交通和公安等多个部门对交通实施交叉管理的城市公共交通管理方式。交通局对公路运输（货运、长途客运、郊区出租）、公路和场站规划建设以及水路交通运输进行管理；城市公共交通和城市客运出租汽车的管理由市政公用局负责；城市的道路规划与建设由建设部门负责；公安部门与交通部门共同对城市道路交通安全管理与控制。

交叉管理方式是我国城市公共交通管理方式改革的初级阶段，沿用了传统计划经济下的条块分割、垂直领导的分散管理形式。以南京市为例，城市公共交通的公路、公共交通规划建设、运营管理及行政执法等职能分属于不同的行政管理部门，有政府的组成部门，如交通局、发改委、建委经委、规划局、公安局（交通警察支队）等，也有兼具城乡交通基础建设、运输经营及投资融资职能的国有企业，如交通集团、地铁集团等。这种传统的交叉管理方式的缺点在于：一是机构设置重叠，增加了财政开支；二是管理机构职能交叉，缺乏有效沟通协调的渠道，降低了工作效率；三是道路运输市场被分割为公路运输和城市客运，造成交通资源浪费、效率低下；四是政策法规不统一，加大了行政执法难度。这种传统的城市公共交通管理方式已经很难适应当前我国城市的快速发展对城市公共交通管理的需要。

2. 一体化管理

一体化管理方式是指实行城乡道路运输一体化的城市公共交通管理方式，由交通部门对城乡道路运输实施一体化管理。城市交通部门除负责道路规划建设外，还对公路运输、城市公交、水路客货运输和城市区域范围内的道路客运进行统一管理，公安和交通部门负责城市道路交通安全的管理与控制，这种管理方式属于城市公共交通管理方式发展的中间阶段。一体化管理方式的特性表现为：一是整合了道路运输资源，初步建立了道路交通一体化管理方式；二是政事分开，执法和管理分开；三是交通行政管理普遍采取统一的管理方式。实行城乡道路运输一体化管理从很大程度上改善了之前的管理方式的弊端，整合了政府行政资源，节约了社会成本。但城乡道路运输一体化管理方式也存在诸多弊端，如管理交叉、运力难调控、管理不到位、不具备对城乡交通统一规划和统一建设的职能。

3. 一城一交管理

一城一交管理方式是指交通运输管理委员会是城市行政管理系统的组成部门，对城市交通运输规划、城市道路、公共交通、出租汽车行业管理全面负责，并负责协调城市内的其他交通方式。公安和交通部门负责城市道路交通安全管控工作。一城一交管理方式实现了道路运输管理的一体化，是目前在我国特大城市应用较好的公共交通管理方式，我国许多特大城市通过设立"交通运输管理委员会"实现对地区城乡交通运输的统一管理。一城一交管理方式的优点是实现了公共交通决策、执行和监督权力的有效分离，减少了中间管理环节，提高了行政效率，降低了沟通协调成本。该方式对城市各种运输方式进行统一管理，消除了传统交叉管理中的部门分割、职能分散的不利影响，整合了城市交通资源，有利于建立和形成公共交通快速反应机制，提高了城市公共交通宏观管理能力，增强了社会服务职能。缺点在于随着城市规模加大，该方式在公共交通的市场管理、运营管理、公交用地规划、基础设施建设等方面复杂性急剧增大，仍然会产生机构臃肿、沟通协调能力变差和效率降低等问题。

不同管理方式发展历程如图 3.3 所示。

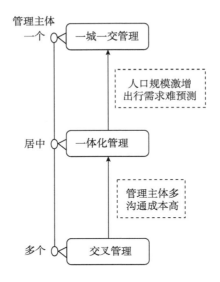

图 3.3 公共交通管理方式发展历程

一城一交管理方式完成了由比较单一的公共交通管理方式向综合性公共交通管理方式的转变，实现了对各类城市公共交通广泛的统筹规划、协调发展。由于建立了统一的、集中管理的交通机构，普遍采用"统一管理、两个层面（决策层和执行层）、三大职能（管理、建设和执法）"的大交通管理方式，实现了交通管理的集中统一。协调好了城市公共交通行政管理中的各种关系，明确了城市公共交通规划、建设、管理等机构之间的职能，能有效避免因政企、政事、企事关系的纠结给城市公共交通综合管理带来的负面影响。我们也应该看到，一城一交管理方式对于人口规模很大的特大城市有较好的适应性，但是未必适合在人口规模不大的城市中实施。在现行的交叉管理方式和一体化管理方式下，每个管理部门都管理着城市公共交通的一些方面，部门之间都将自己的管理权限发挥到极致，没有建立高效的沟通、协调机制。一些学者建议将城市的交通管理职能归一化，都采用一城一交管理方式，这种观点有失偏颇，而且不切合实际。我们知道，城市的公共交通涉及领域广泛，建立专门的管理机构的难度太大，况且这种复杂度会随着城市规模的扩大日益放大，没有有效的管理制度和高素质的管理人才难以实施，而且这种做法也不符合现代管理中职能相互制衡的原则。

为了研究不同管理方式给城市公共交通服务效率带来的影响，笔者整理了全国 36 个中心城市的公共交通管理方式，如表 3.3 所示。

表 3.3　我国城市公共交通管理方式

	方式定义	典型城市
交叉管理	由城建、规划、交通、市政和公安等部门对交通实施交叉管理的城市公共交通管理方式。交通部门主要负责道路和水路运输及场站规划建设等；市政部门负责城市公共交通和城市客运出租汽车的管理；建设部门负责城区的道路规划与建设	大连、南京、杭州、福州、济南、南宁、海口、成都、昆明、银川、拉萨
一体化管理	实行城乡道路运输一体化的城市公共交通管理方式。城市交通部门除承担道路规划、建设和运输管理职能外，还对公路运输、公共交通、水路客货运输和城市区域范围内的道路客运进行统一管理	石家庄、太原、呼和浩特、沈阳、长春、哈尔滨、合肥、厦门、南昌、郑州、长沙、贵阳、西安、兰州、西宁、乌鲁木齐
一城一交管理	交通运输管理委员会负责交通运输规划、道路运输、公共交通、出租汽车行业管理，并负责对城市内的铁路、民航等其他交通方式的综合协调	北京、天津、上海、青岛、武汉、广州、深圳、重庆、宁波

注：城市划分数据提取自各城市交通（运输）局或交通运输委员会公开信息中的机构设置内容。

对比三类管理方式可以发现，一城一交管理方式充分认识了城市公共交通与经济发展间的客观规律，对城市公共交通资源进行统一管理，协调能力强，能提高城市公共交通的社会效益和经济效益，具有更强的宏观调控能力和应变能力，因此，一城一交管理方式应该是未来特大城市公共交通管理机构改革的目标和方向。一体化管理方式扩大了交通部门的管理范围，做到了执法权和管理权的分离，执行能力加强，适合于人口规模适中的大中城市的管理方式选择。从三类方式的实施效果来看，由于管理部门职能相互交叉、分工不清，交叉管理方式可能导致政出多门、政令冲突、沟通协调难等现象，这些现象若不能及时有效地解决，势必会影响公交服务的效率；一体化管理方式较为普遍，该方式实现了交通部门对公共交通的统一管理，执行能力强于交叉管理方式，但弱于一城一交管理方式；一城一交管理方式具有最强的宏观调控能力和执行能力，若能解决协调沟通机制，则会提高效率水平（见表3.4）。

表 3.4　城市公共交通管理方式比较

	交叉管理	一体化管理	一城一交管理
管理方式	市政、交通、城建、规划、建设和公安等部门对公共交通实施交叉管理	实行城乡道路运输一体化的管理方式	一个城市一个交通运输管理委员综合管理交通事务
管理主体	多个部门	介于两者之间	单一部门
管理体制	分散	居中	集中
管理职能	微观	中观	宏观
交通部门管理权限	最小	中等	最大
适用城市规模	中小城市	大中城市	特大城市
优点	管理职能相互制衡，重大决策充分酝酿	政企分离、执法和管理权分离、执行力较强	职能明确、管理顺畅、运转协调、交通资源统一管理、优化配置，执行力强
缺点	部门间职能交叉、分工不明确，政策法规不统一，部门间缺乏协调、沟通机制	整合了局部公共交通资源，也存在多头管理、运输能力难以调控、不具备对城乡公共交通的规划和建设职能，没有统一的决策权	随着城市规模扩大，该方式在公共交通的市场管理、运营管理、公交用地规划、基础设施建设等方面复杂性急剧增大，机构臃肿、效率低下问题有待解决

解决城市公共交通管理方式的难题并不在于建立高于各职能部门的专门机构来约束和协调各部门间关系，而是从上到下建立起依法管理城市公共交通的体制，不论是哪一种管理方式，城市公共交通管理部门的职责是否明确，上级和下级管理部门间的衔接是否紧密，能否形成一个沟通、协调和管理顺畅的城市公共交通管理闭环最为关键。目前，越来越多的城市将城市公共交通规划、建设和运输管理职能由建设、市政等部门向交通部门移交，但是涉及城市公共交通政策、法规和方针的制定并没有下放，这些部门和交通部门的协商、沟通机制还没有有效建立，影响了城市公共交通服务效率水平。

（三）城市公共交通管理方式属性界定

城市公共交通管理方式的影响因素主要可以分为两类，即政策法律法规环境和城市社会经济发展环境。

1. 政策法律法规环境

为了能在规划、协调和调配上对城市公共交通资源实行统一管理的职能，交通运输部于 2008 年和 2014 年下发了深化城市交通运输改革的文件（厅函体法〔2008〕172 号、厅函体法〔2008〕172 号），提出了"大部门、大管理、大统筹和大协调"的改革思路，要求交通运输部门转变职能、理顺关系、创新体制，深化交通大部门制改革，推进交通运输治理体系和治理能力现代化，完善综合交通运输体制，加快转变政府行政审批、公共服务、市场监管等职能上的改革步伐，探索改进公共交通管理方式改革，引导城市建立合理的发展模式。

2. 城市社会经济发展环境

随着城市化进程的加快，我国城市的规模不断扩大，人口不断涌入，城市公共交通供给已经不能满足居民的出行需求。城市经济发展水平、人口规模的激增和出行特征的多变造成了居民出行需求难以预料，随之而来的公共交通管理也遇到了困难。沿用多年的交叉管理方式已经不能解决城市公共交通面临的种种挑战，一体化管理方式逐渐被城市管理者接纳，特大城市开始了一城一交管理方式的试点。因此，多变的出行特征和复杂的行政管理方式是影响城市公共交通管理方式的重要因素。

（四）城市公共交通管理方式趋势

目前，我国城市处于高速发展的阶段，居民交通需求稳定增长，交通方式主要由公共交通、轨道交通或快速公交等组成，从总体上来看通过扩大城市交通管理机构的权力范围全面负责城市公共交通管理从行政体制上来说是可以实行的。扩大交通管理部门的权力范围能有效避免现有的城市交通管理方式下政出多门、职责交叉、机构重叠、效率低下等问题。而现阶段，城市交通管理部门权力分散，矛盾突出，各种运输方式管理主体不统一、路货运管理主体过于分散，需要优化资源配置，科学界定职能，促进综合运输发展。依据人口规模大小实行一体化管理方式或一城一交管理方式能使交通行政管理顺畅，减少各自为政和管理脱节现象，实现交通行政管理的协调性、完整性和统一性，能够逐步改变我国城市公共交通管理中的多头管理、政出多门的局面，最大限度地归并相同或相近管理职能和机构，发挥各级政府交通管理机构的整体效益。一城一交管理方式或一体化管理方式能使职能明确，突出交通行政管理功能，统筹协调管理城市的各种交通运输方式，使得管理顺畅，运转协调，减少矛盾。

一城一交是适合特大城市公共交通管理发展需要的城市公共交通管理方式。当前，一城一交管理方式在特大和超大城市的公共交通管理中的实际运行过程中还存在诸多问题，这是由于特大和超大城市公共交通涉及的领域多、交通方式多样、交通环境复杂，组建一个专门负责城市公共交通管理的部门还存在许多需要继续解决的问题。

在我国大中城市中建立一个协调城市公共交通管理各个相关部门的一体化管理方式，能够保证从全局出发对城市公共交通进行管理，制定符合城市公共交通需要的发展战略，统一协调城市交通系统的规划、建设、运营和管理，解决城市公共交通管理方式中的行政管理不顺、机构职权不明、分工和职责不清等问题。理顺城市公共交通行政管理中的各种关系，明确城市公共交通规划、建设、管理等机构之间的职能、管理幅度和管理层次，有效避免因为政企、政事、企事关系的纠结给城市公共交通管理带来的负面影响。

通过实行一体化管理方式或一城一交管理方式的改革可以很好地解决大中城市和特大城市中公共交通管理中存在的问题，形成以交通部门为主对道路交通的各要素进行统一规划和统一管理的交通管理方式。理顺交通系统内部的管理方式问题，转变政府职能，加强依法行政，通过统筹城市交通运输体系里的各种运输方式，提高效率水平，提供高品质的交通运输服务，形成统一、和谐、健康、有序的道路运输市场。因此，在城市交通管理方式改革中需要着眼大局，逐步建立职能明晰、系统完整、权责一致、沟通顺畅、运转协调、行为规范、办事高效的交通管理方式，通过城市公共交通管理方式改革解决我国在公共交通管理方面存在的问题和弊端，通过不断管理实践和改革完善城市的公共交通管理方式，为更好地满足居民出行需求和城市快速发展提供强有力的支撑。

在建立新的城市公共交通管理方式时需要做到以下两点：

1. 合理界定公共交通管理机构的职责范围

理顺公共交通管理机构政府与运营企业的关系，科学合理地界定公共交通管理机构的职责是建立合理的公共交通管理方式的重要前提。在公交场站规划建设、线路制定等重大问题上要建立与运营企业协商的机制，通过加强立法等手段明确公共交通管理机构在城市公共交通发展中的职责和权限，规范管理机构之间的关系。通过建立决策与执行分离的格局，强调公共交通管理机构在公共交通决策、公交服务、战略规划、监督监管、综合协调等方面的职能，逐步剥离运营管理、建设维护等职能，保证公共交通管理机构行政管理中的公平和效率。

2. 加强对公交市场的监督和反馈，改善管理水平

通过制定合理的公共交通服务规范，由专业人员定期对公交企业运营状况和运营服务进行监督和监管，定期考核调查企业运营成本和收入。也可以适当引入第三方对公交企业进行监督和监管，发挥公交行业监管的作用，借鉴专业机构的管理技术和经验，形成政府决策、机构监督监管、企业运营的方式，提高管理效率。另外，需要完善使用者的意见征集制度、城市公共交通专家咨询制度等，成立由专家、使用者代表组成的独立的监督机构，对城市公共交通的决策执行、运营服务、资金使用等事项进行监督和反馈，促进财政资金投入的高效化，不断提升城市对公共交通的管理水平。

四、样本城市选择

为了区分不同运营方式和管理方式下的城市公共交通服务效率差异，需要测算和比较典型城市的服务效率。我国在 2006 年出台了优先发展公共交通的指导意见，要求改革城市公共交通运营方式，引入竞争机制，允许民营公交企业进入公共交通市场，逐步打破国企垄断化运营方式，形成多家公交企业竞争的格局。

自此之后，一些城市对公共交通运营方式进行了改革。2008 年，住建部出台了大部制改革和深化中心城市交通运输管理体制改革等文件，一些城市在 2008 年之后陆续开始对公共交通管理方式进行调整。为了比较不同运营方式和不同管理方式下的城市公共交通绩效评价结果，本书的数据时间范围选择在 2009～2014 年，数据来源于《中国第三产业统计年鉴》和《中国城市统计年鉴》以及各城市公交系统网站的公开数据，数据截止到 2015 年。

为保证最终评价结果的稳健性、真实性和可比性，在样本城市的选择上，我们基于以下三个原则进行选择。

稳健性：城市的公共交通相关数据在相邻年份内不能有太大波动，否则会影响最终的效率结果，导致分析结论有偏，影响结果的稳健性。

真实性：相关数据在样本期内不能有缺失或数据错误等情况，否则会减弱结果的真实性。

可比性：考虑到城市的公共交通政策法规、社会经济发展水平、居民出行特征各有不同，为保证结果的可比性，在城市选择上还应该考虑人口规模和出行特征等因素。

本书的研究针对全国 36 个中心城市，即 4 个直辖市、27 个省会城市和 5 个计划单列市（港澳台除外）。考虑结果的可比性，在研究之初，笔者去除了北京、天津、上海、重庆、广州和深圳 6 个城市，因为这 6 个城市的社会经济发展水平很高，在公共交通基础设施建设投入、公共交通政策优惠、财政投入和补贴、投资融资改革等方面会有倾斜，加入这 6 个城市会造成结果失真。因此本书所要研究的城市限于除这 6 个城市之外的 30 个城市。

笔者发现，首先，石家庄的市辖区人口在 2014 年同比增长 62%（见图 3.4），南京的市辖区人口在 2013 年同比增长 17%，郑州在 2011 年的人口增长高达 79%，这和前几年的人口平稳的增长速度有很大出入，为稳健起见，本书将这 3 个城市排除在研究之外。

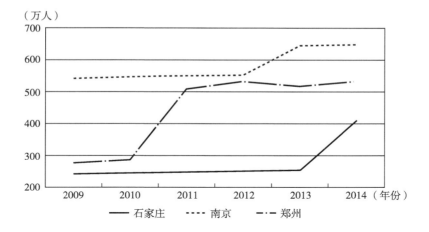

图 3.4　2009~2014 年三个城市市辖区人口

其次，宁波、海口、兰州、拉萨等城市数据在样本期内有缺失或数据错误，为保证结果的真实性，这 4 个城市不在研究范围之内。

最后，我们来看 29 个城市（拉萨除外）的人口规模和出行特征（以 2014 年为例，见表 3.5）。

表 3.5　2014 年 29 个城市的人口、区域和出行特征统计

	单位	最小值	最大值	均值	标准差
市辖区人口密度	人/平方千米	272.18	5279.21	1446.84	1020.83
人均出行次数	次	123.95	456.05	261.01	74.78

不难发现，在市辖区人口密度上，各城市之间极度不均衡。最大的城市人口密度为 5279.21 人/平方千米（郑州），最小的是 272.18 人/平方千米（乌鲁木齐）。查看数据后发现，郑州的人口密度比排名第二的武汉高出了 78%，显示出郑州的数据有异常。而人均出行次数数据（该数据的具体解释见第四章第四节变量选取内容）波动较小，均值为 261.01 次，标准差为 74.78 次，表明城市出行特征较为平稳。

考虑到人口规模太小会导致投入产出数据偏大，人口规模太大会造成投入产出数据偏小，影响结果的可比性，本书去除了市辖区人口小于 200 万（以 2014 年城市市辖区年末总人口数据为基准）的 4 个城市西宁、银川、呼和浩特和福州及市辖区人口规模最大的南京市。

综合上述分析，根据全国 19 个城市 2009～2014 年的公共交通面板数据，考虑到我国公共交通发展中存在的运营模式差异可能对公共交通产生影响，在下面的分析中，先按企业运营方式和政府管理方式对城市进行分类，给出城市分类结果，如表 3.6 所示。

表 3.6　不同运营模式下的城市划分

		城市	个数
企业运营方式	垄断化运营	太原、大连、杭州、合肥、厦门、南昌、济南、青岛、武汉、长沙、南宁、成都、贵阳、昆明、乌鲁木齐	15
	多元化运营	沈阳、哈尔滨	2
	混合化运营	长春、西安	2
政府管理方式	交叉管理	大连、杭州、济南、南宁、成都、昆明	6
	一体化管理	太原、沈阳、长春、哈尔滨、合肥、厦门、南昌、长沙、贵阳、西安、乌鲁木齐	11
	一城一交管理	青岛、武汉	2

注：为统一起见，对数据范围内改变运营模式的城市均以改变后的模式进行分类。

五、面向运营模式的城市公共交通绩效评价理论框架构建

城市公共交通服务既不是完全意义上的公共品，也不是私人物品，具有准

公共特性。公共交通运营企业既要追求经济效益，也要尽可能多地满足社会效益。公共交通服务的利益相关者包括管理者、运营者和使用者，三者关注的焦点也有所不同。管理者关注于公共交通的社会效益、安全性、环境问题和财政补贴等问题，注重提高公共交通服务水平和服务质量，期望防止公交安全事故发生、降低环境污染，减小财政压力，方便居民出行，运营者更加注重企业盈利能力，关注成本和收入，使用者则侧重于关注公共交通服务能否满足出行需求。因此，在对城市公共交通进行绩效评价时，在考虑公益性的同时还要注重盈利性。

以往对城市公共交通绩效评价的研究大多是从企业运营方式的角度展开，虽然学者们普遍认可不同的运营方式会带来绩效评价结果上的差异，但是究竟政府导向的垄断化运营方式和市场导向的多元化运营方式谁更高效存在分歧。另外，在政府管理方式的研究中，国内外对公共交通管理方式的研究大多是从定性角度展开的，主要研究集中在阐述城市公共交通混乱产生的缘由，或者介绍国内外发达国家、地区或城市的公共交通管理经验，缺乏定量研究结果。

本书的城市公共交通绩效评价理论框架构建首先从城市公共交通绩效评价角度出发，对不同企业运营方式和政府管理方式的城市公共交通服务进行评价，基于 DEA 方法提出了两种新方法，即组合评价方法（基于图效率的 SE-EA-Gini 评价方法）和拓展评价方法（基于改进的博弈交叉效率评价方法），通过理论研究建立了评价模型；其次，对不同运营方式和管理方式的公共交通服务效率进行测算，对实证结果进行了分析；最后，对两种方法下的绩效评价结果进行了分析，总结了不同运营方式和管理方式下的结论，并给出了对策建议。基于上述分析，得到了面向运营模式的城市公共交通绩效评价理论框架，具体如图 3.5 所示。

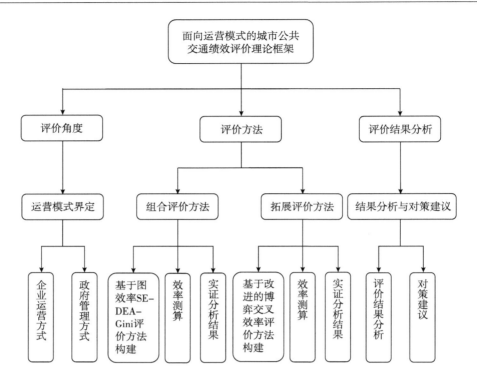

图 3.5　面向运营模式的城市公共交通绩效评价理论框架

六、本章小结

　　本章首先对城市公共交通运营模式进行界定，总结了公共交通运营方式特点，得出城市公共交通运营服务存在差异性、规模经济特性、可竞争性、产权混合特性和运营复杂性，按企业运营方式将运营模式划分为三类，即垄断化运营、多元化运营和混合化运营，分析了城市公共交通运营方式趋势。其次，分析了城市公共交通管理方式特点，得出城市公共交通管理存在基础建设规划建设的前瞻性、管理主体的多元性和管理过程中缺乏协调性，按政府管理方式将运营模式划分为三类，即交叉管理、一体化管理和一城一交管理，分析了城市公共交通管理方式的趋势。最后，为了分析城市公共交通在不同运营方式和管理方式下的绩效评价差异，给出了样本城市选择的依据，从评价角度、评价方法和评价结果分析三方面出发构建了面向运营模式的城市公共交通绩效评价理论框架。

第四章 基于图效率 SE-DEA-Gini 方法的城市公共交通绩效评价

在对公共交通进行绩效评价时，大多采用了以随机前沿分析为代表的参数法和以数据包络分析为代表的非参数方法。但是，在使用参数法时，需要事先明确边界生产函数的具体形式和参数，随之而来的模型选择和随机变量总体分布也需要事先给定，从而使计算变得复杂。非参数 DEA 方法能很好地规避此类问题，但是当需要评价的投入产出指标数量较多时，经常会出现多个决策单元同为 DEA 有效的情形，从而会降低 DEA 方法的判别能力。为解决这一问题，许多学者开始对决策单元的效率排序问题进行研究，提出了一些切实有效的方法。在这些排序方法中，超效率评价方法是应用较广的一种评价方法。

本章提出了基于图效率的 SE-DEA-Gini 评价方法，利用该方法对中国 19 个城市的公共交通服务水平进行绩效评价。内容安排如下：第一节介绍了研究背景和以往评价方法的不足及解决办法；第二节给出本书的研究假设；第三节提出了基于图效率的 SE-DEA-Gini 评价方法，该方法能保证 SE-DEA 方法存在可行解，避免效率评价值分布可能存在过高的极端情形，引入 Gini 准则可有效降低指标重要程度不一致的情况，得到较为稳健的评价结果，而且能避免人为赋权对结果产生的影响，提高 DEA 方法的判别能力；第四节对本书所选变量和数据来源做了说明；第五节对城市公共交通投入产出数据做了描述；第六节基于图效率 SE-DEA-Gini 方法对城市公共交通绩效进行了评价，得到了 SE-DEA-Gini 效率，分析了效率结果；第七节对本章做了简要总结。

一、引言

近年来，国内外一些学者使用 DEA 方法对城市公共交通绩效进行了评价。例如，McNeil[170] 基于 DEA 方法对停泊和转运的车辆效率进行评价，Michaelides、Belegri-Roboli 和 Marinos[171] 使用随机前沿分析对雅典的轨道交通技术效率进行评价，并与使用 DEA 方法得到的相对效率进行了比较。韩艺等[63]、朱微微和赵定涛[172] 利用 DEA 方法评价我国城市公共交通运营企业的经营管理现状和技术效率，王亚华、吴凡和王争[173] 研究了中国交通行业 1980～2005 年的效率变化，构建了 Malmquist 指数，王欢明和诸大建[9] 应用 DEA 方法测算了长三角城市间公交服务的效率，王海燕等[66] 利用 DEA 方法对南京市公交企业数据进行绩效评价。Zhang、Juan 和 Luo[174] 结合 SE-DEA 和信息熵理论对长三角地区 13 个城市的公共交通进行绩效评价，指出组合评价方法更加客观，能降低 SE-DEA 方法被指标维数影响的风险，改进判别能力。本书对 2009～2014 年全国 19 个城市的公共交通服务进行评价，得到各城市的公共交通服务效率，分析了不同运营方式和管理方式下的效率差异。

以往的文献对公共交通绩效评价的研究有着很好的借鉴作用，但是却存在着以下三点缺陷和不足：第一，DEA 方法的评价出发点是从最有利于被评价的决策单元出发的，如果数据中存在着有绝对优势的决策单元，那么它总是 DEA（弱）有效的。因此，DEA 效率结果对各决策单元之间的效率水平差异的反映不够全面和客观。而且，由于无法保证唯一性，同为有效的单元可能有多个，它们之间的效率排序无从判别，给区分决策单元效率带来了困难。虽然可以使用 SE-DEA 方法解决有效决策单元的排序问题，但是 SE-DEA 方法却不能保证总存在可行解的困境。第二，使用 DEA 方法时，一些原本处于无效的决策单元可能由于刻意选择的权重而效率值偏高，而且指标数量越多，DEA 方法的判别能力越差。第三，以往文献的评价衡量的时间段大都设定在一个年度内，缺少对城市公共交通的动态比较。对于第一点不足，本节基于图效率的 SE-DEA 模型可以区分 DEA 有效的决策单元，并且保证了总存在可行解，避免效率评价值的分布可能存在过高的极端情形，故能体现决策单元的实际效率状况。对于第二点不足，本节利用 Gini 准则来降低指标数量维度，通过对所有可能的指标子集赋予客观权重来避免人为赋权造成的主观影响，对最终评价结果进行有效区分。Gini 准则在分类回归树中常用来度量信息杂度，Gini 系数越大表示不确定性越大。因此，可以考虑用 Gini 准则来降低指标数量，减小指标重要程度不一致带来的影响。对于第三点不足，本节用全国 19 个城市的公共交通 2009~2014 年的面板数据进行评价，得到客观且动态的城市公共交通服务效率评价结果。本章将该方法应用到公共交通行业的效率评价中，在选择适当的评价指标集合之后，通过取其所有子集，利用基于图效率 SE-DEA 方法求出各指标子集下的效率值，基于 Gini 准则可有效降低指标重要程度不一致的情况，通过对所有子集赋予客观权重，避免人为赋予权重的主观性，最终加权平均得到在各指标子集下的效率评价结果，即 SE-DEA-Gini 效率，从而全面客观地反映了各决策单元的效率，分析了不同运营方式和管理方式下的城市公共交通服务效率，评价结果的分析有助于促进城市公共交通行业提高服务质量，增强公共交通吸引力，对城市公共交通运营方式和管理方式的改革有一定的借鉴作用。

二、研究假设

本书一个主要研究问题是验证不同运营模式是否会对城市公共交通绩效评价有影响，回答何种运营模式下的评价结果更好的问题，进而分析不同企业运营方式和政府管理方式下的城市公共交通评价结果的差异性。

（一）运营方式与绩效评价

从企业运营方式上来看，虽然学者们普遍认可不同的运营方式会带来绩效评价结果上的差异，但是政府导向的垄断化运营方式和市场导向的多元化运营方式谁更高效并无定论。一些学者认为市场导向的公交企业运营方式（如多元化运营方式）要比政府导向的运营方式（垄断化和混合化运营方式）的效率高[3-6]（具体文献综述内容见第二章）。这些作者支持市场导向的运营方式要优于政府导向的运营方式的结论，他们认为市场导向的运营方式带来的竞争会有效提高公共交通效率。另一些学者则认为，市场导向的公交运营方式未必比政府导向的运营方式更有效率[7-10]。这些学者的研究结论认为市场导向的私有化公交企业并不比政府导向的国有化企业的效率高，他们认为市场导向的运营方式也可能存在着缺少竞争和高交易成本导致效率低下。

总体来看，以往研究运营方式对绩效结果的影响存在分歧，因此，本书接下来着重对城市公共交通运营方式是否影响绩效结果进行研究，验证不同运营方式之间的效率优劣。本书提出以下假设：

假设 A：市场导向的多元化运营服务效率要高于政府导向的垄断化和混合化运营的服务效率。

（二）管理方式与绩效评价

城市公共交通系统的规划和管理十分重要，大部分专家认为应该将整个公共交通系统看作一个整体进行统一的规划和管理，通过整合相近功能、统筹相关职能、集中管理业务范围趋同的事项，建立高效的综合交通管理方式。但是在具体操作过程中，各个国家和城市在公共交通管理方式上的改革措施却存在差异。一些城市采用多个部门之间协调管理，城市交通规划由规划部门负责，交通基础设施的建设由工程部门实施，城市公共交通运营由交通局管理，道路基础设施等相关业务由建设局管辖，运输安全由公安部门处理。另一些城市则通过成立专门的公共交通管理机构进行统一管理，比如设立了城市交通管理委员会，负责城市公交的规划、建设、管理、监管等。还有一些城市则根据人口规模、出行特征等特点，实现的管理方式介于上述两者之间，管理部门比多部门数量少，但也不是仅由单一管理机构来处理交通问题，如交通局负责城市公共交通运输和管理，市政部门执行城市交通政策并负责城市的所有交通事务。

目前，国内外研究者对城市交通管理方式的研究大多在定性研究上，主要介绍各城市已有的管理方式优点和不足（具体文献综述内容见第二章），分析中央政府和地方政府、地方政府和运营企业在交通管理中的责任分担等问题，提出相对应的解决方案[11-23]，缺乏不同管理方式对城市公共交通绩效评价结果的定量研究。学者们在介绍国内外城市公共交通成功的管理经验时，大都认为人口规模的扩大会造成城市公共交通需求难以预测，公共交通的交叉管理又会导致管理职能分散，为保障公共交通管理部门之间职责明晰、沟通协调顺畅，完善综合交通运输体制，建议采取一城一交管理方式的改革试点。笔者发现，国内外采用一城一交管理方式的城市大多人口规模非常大，为了保障信息及时、畅通，较少中间环节的滞后影响才进行了一城一交管理方式的改革。但是，一城一交管理方式能提高城市公共交通服务效率吗？这种模式下的效率值会高于其他两种管理方式吗？本书在人口规模适中的城市中对该问题进行了验证，提出了以下假设：

假设 B：一城一交管理方式下的服务效率未必比其他管理方式高。

三、SE-DEA-Gini 方法

（一）DEA 基本概念

1. 决策单元

决策单元（Decision Marking Unit，DMU）是需要评价的对象，通过 DEA 模

型计算所得的效率值描述的是在生产系统中决策单元的投入变为产出的转化效率。也可以认为效率是某一决策单元相对于其他决策单元投入产出的转化效率，即生产能力的效率。决策单元范畴广泛，在做绩效评价时，每个部门或组织都可视为一个决策单元，决策单元可以是国家、地区、城市，也可以是企业、非营利组织（如学校、政府、医院、军队）等，决策单元通过消耗"投入"得到"产出"，满足投入产出结构的生产组织均可作为 DEA 方法的决策单元予以评价。其中，在生产过程需要消耗的生产要素称为"投入"，消耗这些投入得到的产品称为"产出"。广义来讲，投入可以是资金、劳动力和土地等，而产出可以是产量、利润、满意度和社会效益等。如果要对城市公共交通进行评价，那么每个城市就可以看作一个决策单元，投入包括资本（如公共交通基础设施建设、公共交通工具购置、财政补贴、员工薪酬、维修保养费、燃料能源费等）、劳动力（公共交通企业员工数量等）和土地（公共交通场站用地、公共交通专用车道等），产出则可以是年载客量、企业利润、使用者满意度等[156]。在 DEA 评价体系内，被评价决策单元的投入越少产出越多越有效率，一个决策单元相对于其他决策单元的效率值是该决策单元在给定的生产可能集中的相对有效性。

投入和产出满足如下性质：

（1）投入指标多为负向指标，而产出指标多为正向指标。因为消耗更少的资源获得更多的产出才是最有效率的结果，故投入一般越小越好，而产出越大越好。但是在实际的研究中，有时会出现与该性质背离的情况[157]，此时，大多采用对原始数据进行线性变换转化指标来处理[158]。

（2）无量纲性。DEA 方法所计算的相对效率与指标选取的量纲无关，在收集数据时只需保证同一指标的所有决策单元量纲相同即可。

（3）可处理性。所谓可处理性是指当投入增加时不会发生产出相应减少的现象。

由于 DEA 效率是在比较的过程中得到的一种相对效率，所以在选择决策单元时满足如下特征[159]：

（1）同样的生产目标（任务）。同类型的决策单元间的生产目标或生产任务必须相同才能保证可比性。例如，将非公共行业的私人企业和公共交通企业进行对比，私人企业主要的目标是利润最大化，所以投入是资本、劳动力和土地，产出则是利润。公共交通企业的主要目标除了利润最大化，还需要满足居民的出行需求，追求社会效益和经济效益的最大化，投入为资本、劳动力和土地，但产出是利润、载客量和顾客满意度等。也就是说，虽然都是企业，但是生产目标不同，私营企业和公共企业是无法直接比较的。如果非要在这两种企业之间比较的话，为保证可比性，须将公共交通企业的社会效益拆分或去除，保证拆分后的决策单元具有相同的目标才能进行比较。

（2）同样的外部环境。决策单元所处的外部环境应相近，不能有太大差距。在做绩效评价时要求决策单元间的差异应该主要来自内部某些因素，要减少因为外部环境不同而导致的决策单元不可比性。如果外部环境对于评价决策单元影响较大，一般可以将环境因素作为单独变量予以考虑[160]。

（3）同样的投入产出指标。在为评价收集数据过程中，对于不同投入产出指标的量纲应该统一。虽然评价指标的不同量纲对 DEA 方法的相对效率结果不会产生影响。但是，同一个评价指标必须确保相同的量纲，这样有利于指标换算或数据的前期处理。

2. 生产可能集

当决策单元存在多个投入和产出指标时，此时多需要用向量进行表示。一个决策单元的投入向量和产出向量组成的集合构成参考点，所有决策单元的参考点组成的集合就称为参考集。假设投入产出体系中有 n 个决策单元，记为 DMU_j（$j=1, 2, \cdots, n$）生产 s 种产出 y_{rj}（$r=1, 2, \cdots, s$），同时消耗 m 种投入 x_{ij}（$i=1, 2, \cdots, m$），投入产出指标分别记为：

$$x = \begin{pmatrix} x_1 \\ x_2 \\ \vdots \\ x_n \end{pmatrix} = \begin{pmatrix} x_{11} & x_{21} & \cdots & x_{m1} \\ x_{12} & x_{22} & \cdots & x_{m2} \\ \vdots & \vdots & \ddots & \vdots \\ x_{1n} & x_{2n} & \cdots & x_{mn} \end{pmatrix}, \quad y = \begin{pmatrix} y_1 \\ y_2 \\ \vdots \\ y_n \end{pmatrix} = \begin{pmatrix} y_{11} & y_{21} & \cdots & y_{s1} \\ y_{12} & y_{22} & \cdots & y_{s2} \\ \vdots & \vdots & \ddots & \vdots \\ y_{1n} & y_{2n} & \cdots & y_{sn} \end{pmatrix}$$

所有参考点组成的参考集可以表示为：$\{(x_1, y_1), (x_2, y_2), \cdots, (x_n, y_n)\}$。

定义生产可能集为 $T = \{(x, y) \mid$ 投入 x 可以产出 $y\}$，Banker[161] 提出生产可能集需要满足如下四条公理：

（1）凸性公理：对 $(x_1, y_1) \in T$，$(x_2, y_2) \in T$ 和 $\mu \in [0, 1]$，有 $\mu(x_1, y_1) + (1-\mu)(x_2, y_2) \in T$。

（2）锥性公理：若 $(x_1, y_1) \in T$，$k \geqslant 0$，那么 $k(x_1, y_1) \in T$。

（3）无效性公理：如果 $(x_1, y_1) \in T$，$x_2 \geqslant x_1$，则 $(x_2, y_1) \in T$；如果 $y_1 \geqslant y_2$，则 $(x_1, y_2) \in T$。

（4）最小性公理：生产可能集 T 是满足以上三条公理的最小的集合。

经典的 CCR 模型在规模收益不变（Constant Return to Scale，CRS）假定下的生产可能集为：

$$T = \{(x, y) \mid \sum_{j=1}^{n} \lambda_j x_j \leqslant x, \sum_{j=1}^{n} \lambda_j y_j \leqslant y, \lambda_j \geqslant 0, j = 1, 2, \cdots, n\}$$

规模收益可变（Variable Return to Scale，VRS）假定下的生产可能集为：

$$T = \{(x, y) \mid \sum_{j=1}^{n} \lambda_j x_j \leqslant x, \sum_{j=1}^{n} \lambda_j y_j \leqslant y, \sum_{j=1}^{n} \lambda_j = 1, \lambda_j \geqslant 0, j = 1, 2, \cdots, n\}$$

（二）DEA 模型

CCR 模型的原始模型如下[159]：

$$\max \frac{\sum_{r=1}^{s} \mu_r y_{ro}}{\sum_{i=1}^{m} \nu_i x_{io}}$$

$$\text{s. t.} \begin{cases} \dfrac{\sum_{r=1}^{s} \mu_r y_{rj}}{\sum_{i=1}^{m} \nu_i x_{ij}} \leqslant 1, j = 1, 2, \cdots, n \\ \mu_r > 0, \nu_i > 0, r = 1, 2, \cdots, s, i = 1, 2, \cdots, m \end{cases} \tag{4.1}$$

式（4.1）中目标函数的下标 o 用来表示被评价的决策单元，其中 μ_r，ν_i 分别表示 m 种投入和 s 种产出的权系数。利用 Charnes-Cooper 变换，有：

$$t = \frac{1}{\sum\limits_{i=1}^{m} \nu_i x_{ij}}, \quad \omega_i = t \cdot \nu_i, \quad u_r = t \cdot \mu_r$$

可将式（4.1）转化为等价的目标函数为线性的投入导向型模型：

$$\max \sum_{r=1}^{s} u_r y_{ro}$$

$$\text{s. t.} \begin{cases} \sum\limits_{i=1}^{m} \omega_i x_{ij} - \sum\limits_{r=1}^{s} u_r y_{rj} \geq 0, \quad j = 1, 2, \cdots, n \\ \sum\limits_{i=1}^{m} \omega_i x_{io} = 1 \\ \omega_i > 0, \quad r = 1, 2, \cdots, s \\ u_i > 0, \quad i = 1, 2, \cdots, m \end{cases} \quad (4.2)$$

式（4.2）的对偶规划模型为：

$$\min \theta_o$$

$$\text{s. t.} \begin{cases} \sum\limits_{j=1}^{n} \lambda_j x_{ij} \leq \theta_o x_{io}, \quad i = 1, 2, \cdots, m \\ \sum\limits_{j=1}^{n} \lambda_j y_{rj} \geq y_{ro}, \quad r = 1, 2, \cdots, s \\ \lambda_j \geq 0, \quad j = 1, 2, \cdots, n \end{cases} \quad (4.3)$$

模型（4.1）是在规模报酬不变的假定下对生产系统进行评价，排除了规模效率的干扰。投入导向型 CCR 模型（4.2）是将被评价决策单元的产出最大化，表示被评价的决策单元需要参考其他决策单元的投入产出水平，在给定的投入水平下能否得到更大的产出水平。如果目标函数值为 1，表明被评价的是 DEA 有效的决策单元；如果目标函数值小于 1，表明被评价的是非有效的决策单元。模型（4.3）是在限定被评价决策单元的产出水平下，参考其他决策单元的投入产出，是否存在一个虚拟决策单元的投入产出可由所参考的决策单元投入产出线性表示，若产出水平能达到被评价单元的产出水平，但其投入比被评价决策单元的投入少。若此虚拟决策单元存在则表示被评价的是非有效决策单元，即 $\theta_o < 1$。

在放松规模报酬不变的假定后，Banker、Charnes 和 Cooper[162] 提出了规模报酬可变的 BCC 模型，带有阿基米德无穷小量 ε 的投入导向型乘数模型如下：

$$\max \sum_{r=1}^{s} u_r y_{ro} + \mu$$

$$\text{s. t.} \begin{cases} \sum_{r=1}^{s} u_r y_{rj} - \sum_{i=1}^{m} \omega_i x_{ij} + \mu \leqslant 0, \ j = 1, \ 2, \ \cdots, \ n \\ \sum_{i=1}^{m} \omega_i x_{io} = 1 \\ \omega_i > \varepsilon, \ r = 1, \ 2, \ \cdots, \ s \\ u_i > \varepsilon, \ i = 1, \ 2, \ \cdots, \ m, \ \mu \ 任意 \end{cases} \quad (4.4)$$

其对偶线性规划模型可表示为：

$$\min \theta_o - \varepsilon \left(\sum_{r=1}^{s} s_r^+ + \sum_{i=1}^{m} s_i^- \right)$$

$$\text{s. t.} \begin{cases} \sum_{j=1}^{n} \lambda_j x_{ij} + s_i^- = \theta_o x_{io}, \ i = 1, \ 2, \ \cdots, \ m \\ \sum_{j=1}^{n} \lambda_j y_{rj} - s_r^+ = y_{ro}, \ r = 1, \ 2, \ \cdots, \ s \\ \sum_{j=1}^{n} \lambda_j = 1, \ j = 1, \ 2, \ \cdots, \ n \\ \lambda_j, \ s_r^+, \ s_i^- \geqslant 0 \end{cases} \quad (4.5)$$

BCC 模型（4.4）比 CCR 模型（4.2）约束更宽泛，模型（4.4）中的 μ 是没有限制的，可正可负，当此约束为零时，BCC 模型（4.4）就成了 CCR 模型（4.2）。若限定 $\mu > 0$，表明模型是在规模报酬不减的生产系统中对决策单元进行评价，若限定 $\mu < 0$ 则表明是在规模报酬不增的生产系统中对决策单元进行评价。

（三）SE-DEA 方法

DEA 模型用于评价决策单元的相对效率，其目的在于构建出一条非参数的包络前沿线，有效点位于生产前沿上，无效点处于前沿的下方。假设有 n 个决策单元 DMU_j $(j=1, 2, \cdots, n)$ 生产 s 种产出 y_{rj} $(r=1, 2, \cdots, s)$，同时消耗 m 种投入 x_{ij} $(i=1, 2, \cdots, m)$，基于可变规模的 BCC 模型可表示为：

$$\min\theta$$

$$\text{s. t.} \begin{cases} \sum_{j=1}^{n} \lambda_j x_{ij} - \theta x_{io} \leqslant 0, \ i = 1, 2, \cdots, m \\ \sum_{j=1}^{n} \lambda_j y_{rj} - y_{ro} \geqslant 0, \ r = 1, 2, \cdots, s \\ \sum_{j=1}^{n} \lambda_j = 1 \\ \lambda_j \geqslant 0, \ j = 1, 2, \cdots, n \end{cases} \quad (4.6)$$

其中 θ 为期望评价 DMU_o 的效率，θ 是标量，其值为决策单元的效率值，一般地，有 $\theta \leqslant 1$。如果 $\theta = 1$，则意味着该单元是 DEA 有效的。模型（4.6）显示有效的决策单元能够在约束条件下选择一组最优的权重使其效率达到最大。

通过模型（4.6）评价决策单元效率时，得到的效率值可能会出现多个决策单元同是 DEA 有效的，从而无法直接对这些相对有效的单元做进一步的评价与比较。Andersen 和 Petersen[87] 提出的超效率 DEA（SE-DEA：Super efficiency DEA）方法可以很好地解决这一缺陷，使同为 DEA 有效的决策单元间仍然能够进行比较。SE-DEA 模型可以区分前沿面上的有效决策单元，基本思想是在评价某个决策单元 j_o 时，将 j_o 从决策单元的参考集中排除，从而使 DEA 有效的决策单元 j_o 得到了大于 1 的相对效率，同时对非有效单元的相对效率结果保持不变。即下述的 SE-DEA 模型：

$\min \theta$

$$\text{s. t.} \begin{cases} \displaystyle\sum_{j=1,\,j\neq o}^{n} \lambda_j x_{ij} - \theta x_{io} \leqslant 0, \quad i = 1, 2, \cdots, m \\[3mm] \displaystyle\sum_{j=1,\,j\neq o}^{n} \lambda_j y_{rj} - y_{ro} \geqslant 0, \quad r = 1, 2, \cdots, s \\[3mm] \displaystyle\sum_{j=1,\,j\neq o}^{n} \lambda_j = 1 \\[3mm] \lambda_j \geqslant 0, \quad j = 1, 2, \cdots, n, j \neq o \end{cases} \qquad (4.7)$$

SE-DEA 模型与 DEA 模型得到结果的差别在于：原是 DEA 有效的决策单元，其超效率值将大于 1，幅度取决于该决策单元投入产出的优劣程度，投入产出相对于其他决策单元的比例越大，超效率值也越大，而其他无效的决策单元的超效率值保持不变。

不仅如此，模型（4.7）还具有以下优点：①能对有效的 DMU 进行排序；②将 DMU 分成极端有效和非极端有效的组；③识别数据中的异常点；④在第二阶段回归中对效率变动做解释时可以避免截断问题[99][163]。所以，SE-DEA 模型的评价结果更能细化原有 DEA 评价结果，给管理者提供更多的信息。

但是，Thrall[164]、Zhu[165] 指出当投入变量接近 0 时 SE-DEA 模型可能并不存在可行解，即使全部数据都为正，也不能保证总存在可行解，而且使用模型（4.7）时，线性规划的不稳定性很容易发生[162][166]，给计算带来了困难。为解决这一问题，Ebadi[167] 建议在超效率模型中采用基于图效率的 SE-DEA 模型来解决这一问题：

$\min 1 + \theta_o$

$$\text{s. t.} \begin{cases} \displaystyle\sum_{j=1,\,j\neq o}^{n} \lambda_j x_{ij} - (1 + \theta_o) x_{io} \leqslant 0, \quad i = 1, 2, \cdots, m \\[3mm] \displaystyle\sum_{j=1,\,j\neq o}^{n} \lambda_j y_{rj} - (1 - \theta_o) y_{ro} \geqslant 0, \quad r = 1, 2, \cdots, s \\[3mm] \displaystyle\sum_{j=1,\,j\neq o}^{n} \lambda_j = 1 \\[3mm] \lambda_j \geqslant 0, \quad j = 1, 2, \cdots, n, j \neq o \end{cases} \qquad (4.8)$$

（四）Gini 准则

对城市公共交通进行绩效评价时，在确定所有绩效评价指标集的基础上，还应该仔细分析所有指标集的重要程度，因为指标重要程度的不一致性会对绩效结果造成不同的影响。在实际应用中，确定评价指标相对容易，但是对指标程度重要程度的判别很困难，本书将所有指标的子集也纳入绩效评价范围，即将所有评级指标的子集进行绩效评价，通过加权平均得到最终结果。这样做避免了指标重要程度不一致所带来的负面影响，另外，加权平均时权重的确定不能由主观决定，需要利用 Gini 准则来得到客观权重。作为一种衡量不确定性的度量方法，Gini 准则的计算可以简述如下：

定义：Gini 系数为 $G = 1 - d$，d 为信息纯度，

$$d = \sum_{j=1}^{n} p_j^2$$

其中：

$$p_j = E_j / \sum_{j=1}^{n} E_j (j = 1, 2, \cdots, n)$$

E_j 表示第 j 个决策单元的效率，p_j 表示在某节点中第 j 个类别所占的比例。

一般来讲，Gini 系数越大，表示信息纯度越小，不确定性越大，反之不确定性越小。因为 $0 \leqslant p_j \leqslant 1$，故 Gini 系数和信息纯度也在 $[0, 1]$。利用 Gini 准则提升 SE-DEA 模型的判别能力，具体步骤如下：

首先，选取可以衡量行业效率的指标集，列出指标集中所有变量的可能子集（如果分别有 m 个投入指标和 s 个产出指标，所有可能的子集就有 $K = (2^m - 1) \times (2^s - 1)$ 个），这些子集可以看作决策树中的节点，而每个决策单元则可以看作不同的类别。

其次，对选取的所有子集，分别计算各子集的决策单元相对效率。用 M_k 表示第 k 个指标子集，所有的模型集合为 $\{M_1, M_2, \cdots, M_k\}$，每个决策单元在 M_k 下的效率值记为 E_{jk}，可得效率阵 $(E_{jk})_{n \times K}$（n 为决策单元个数，K 为所有指标子集个数）：

$$
\begin{array}{cc}
& \begin{array}{cccc} M_1 & M_2 & \cdots & M_K \end{array} \\
\begin{array}{c} DMU_1 \\ DMU_2 \\ \vdots \\ DMU_n \end{array} &
\left(\begin{array}{cccc}
E_{11} & E_{12} & \cdots & E_{1K} \\
E_{21} & E_{22} & \cdots & E_{2K} \\
\vdots & \vdots & \ddots & \vdots \\
E_{n1} & E_{n2} & \cdots & E_{nK}
\end{array}\right)
\end{array}
$$

再次，为了衡量各子集中效率值的不确定性，利用效率阵计算 Gini 系数，计算信息纯度 $d_k = \sum_{j=1}^{n} p_{jk}^2$（$k = 1$，$2$，$\cdots$，$K$），通过对信息纯度正则化得到最终权重 $W_k = d_k / \sum_{k=1}^{K} d_k$（$k = 1$，$2$，$\cdots$，$K$）。对于一个给定的指标子集，如果该子集所得到的所有决策单元效率值相等，此时信息纯度最小，权重达到最小值。选择的指标子集越多，不确定性越强，从而权重越小，相当于对指标维数增加时施加的惩罚，权重越大表明利用 Gini 准则的判别能力越大。

最后，通过计算 $\theta_j = \sum_{k=1}^{K} W_k E_{jk}$（$j = 1$，$2$，$\cdots$，$n$），得到 SE-DEA-Gini 效率，该效率的判别能力比传统的 DEA 模型要强，更能反映客观的评价结果。

四、变量选取和数据来源

基于 DEA 模型进行分析时，识别投入和产出变量非常重要，故本节中先要确定哪些指标属于投入指标，哪些指标属于产出指标。由于公共交通绩效评价的复杂性，虽然学术界没有确定统一的评价指标，但是学者们普遍认为可以将资本、劳动力、能源消耗等纳入投入指标是合适的。资本方面的指标可以用诸如运营车辆数、运营线路长度和道路面积等衡量，劳动力指标是由运营企业职工决定的，如有效的运营时间、从事公共交通行业的职工人数、薪资等，而能源消耗指标则可以用燃料能源费决定。在产出指标的选择上，反映供给的客运量和使用者的满意度等指标通常会被涉及。

借鉴 Lao 和 Liu[62] 对公共交通绩效评价指标的选取，考虑到数据的可获得性，假设运营投入和运营线路长度、运营车辆数、道路面积相关，以这些作为原始的投入变量，以公交客运总量为原始的产出变量。本书要解决的问题之一是在不同运营模式下对各城市公共交通绩效进行评价，所以需要收集各城市公共交通的宏观运行数据。由于各城市在人口规模、出行特征等方面存在差异，考虑到评价指标的可比性，对选定的评价指标做可比性处理。我们用各城市辖区年末总人口做平均，计算得到了人均运营线路长度、万人拥有公交车数量、人均道路面积为投入指标（此处应从公共交通道路面积和公共交通运营线路长度中得到公共交通运营道路宽度指标作为对公共交通投入的衡量指标之一，由于公共交通道路面积缺失，在指标选择中以城市道路面积作近似替代，考虑到替代指标与运营线路统计口径不一致，所以本书没有做这样的处理），用年客运总量除以市辖区人口得到了人均出行次数为产出指标，投入产出评价指标及说明如表 4.1 所示。

表 4.1　投入产出评价指标及说明

	评价指标	单位	说明
投入	人均运营线路长度	千米	运营线路总长与人口之比
	万人拥有公交车	标台	折算后的运营车辆与人口之比
	人均道路面积	平方米	道路面积与人口之比
产出	人均出行次数	次	年载客量与人口之比

另外，由于城市公共交通管理者很少发布关于财政补贴等财政数据，运营企业也大多不公布企业的财务数据，更不用说使用者的各项指标数据，根据数据的可获得性，本书选取的评价指标中没有包含财务指标和使用者的满意度等指标，基于本章的图效率 SE-DEA-Gini 评价方法所得的评价结果是对城市公共交通绩效评价的一个近似替代。在未来的研究中，城市公共交通利益相关者各方应该尽

可能公布更多的财务数据、使用者满意度等统计数据，收集更准确的数据将会得到关于公共交通绩效评价更细致的结论。

我国在 2006 年出台了优先发展公共交通的指导意见，要求改革城市公共交通运营方式，引入竞争机制，允许民营公交企业进入公共交通市场，逐步打破国企垄断化运营方式，形成多家公交企业竞争的格局。自此之后，一些城市对公共交通运营方式进行了改革。2008 年出台了大部制改革和深化中心城市交通运输管理体制改革等文件，很多城市在 2008 年之后对公共交通管理方式做了调整。为了比较不同运营方式和不同管理方式下的城市公共交通绩效评价，本书的数据时间范围选择在 2009~2014 年。

在城市的选择中，我们选择了人口规模适中的 19 个城市（详见第三章第四节）公共交通面板数据。本书数据来源于《中国第三产业统计年鉴》和《中国城市统计年鉴》以及各城市公交系统网站的公开数据，数据截止到 2015 年。

五、描述性统计分析

为了验证投入产出指标之间是否满足可处理性原则，即产出指标不得在投入指标增加的趋势下有减小的趋势。而且，为了保证投入产出指标之间无较高的相关程度，保证选取的投入产出指标满足要求，本书采用了 Pearson、Spearman 和 Kendall 检验验证相关性，结果如表 4.2 所示。不难看出，投入产出指标之间的相关系数均大于 0，说明指标之间呈现正相关，满足了可处理性原则，三种检验的相关系数最大值（除自相关外）不超过 0.8，表明投入指标之间相关程度不高。

表4.2 投入产出指标的相关性检验

		X1	X2	X3	Y
Pearson	X1	1.0000			
	X2	0.5657	1.0000		
	X3	0.2929	0.4417	1.0000	
	Y	0.4689	0.7042	0.2054	1.0000
Spearman	X1	1.0000			
	X2	0.5679	1.0000		
	X3	0.3544	0.4189	1.0000	
	Y	0.3886	0.7246	0.1610	1.0000
Kendall	X1	1.0000			
	X2	0.3936	1.0000		
	X3	0.2600	0.2830	1.0000	
	Y	0.2675	0.5280	0.1062	1.0000

表4.2中X1、X2、X3分别表示人均运营线路长度、万人拥有公交车和人均道路面积，Y表示人均出行次数。

（一）时间角度分析

为了比较2009~2014年投入产出评价指标的动态变化，本书按时间段对数据做了汇总，给出了投入产出指标历年的描述性统计量。人均运营线路长度的描述性统计量如表4.3所示。

表4.3 人均运营线路长度描述性统计量

	最小值	最大值	均值	标准差
2009 年	1.41	5.57	3.21	1.37
2010 年	1.53	18.08	5.99	5.08
2011 年	7.21	33.27	13.67	6.84
2012 年	7.21	38.64	13.98	8.11
2013 年	7.65	34.65	14.31	7.35
2014 年	7.79	37.55	14.89	7.76

从表 4.3 不难看出，人均运营线路长度的最小值在 2010 年为 1.53 千米，2011 年增长到了 7.21 千米，增加了 4.7 倍之多，随后三年间变化不大。考虑到 2010～2011 年城市的市辖区人口变化不会太大，最小值骤然变大的原因只可能是全国人均运营线路长度较小的城市在 2011 年加大了投入力度。另外，从最大值来看，2011 年最大值为 33.27 千米，比 2010 年的 18.08 千米增长了 1.8 倍，表明运营线路长度最大的城市在 2011 年也加大了投入。从全国平均来看，从 2010 年的 5.99 千米增长到了 2011 年的 13.67 千米，也说明了 2011 年的投入增长变化过快的并不是个别城市，而是几乎所有城市。从标准差来看，2011 年的标准差为 6.84，和 2010 年的标准差 5.08 相差不大，表明大部分城市在 2011 年的发展速度大体相同。

再来看万人拥有公交车的描述性统计量（见表 4.4）。不难发现，最小值和最大值统计量在 2012 年有较大变化，但是变化幅度小于人均运营线路长度的变化幅度。从平均值看，2009～2013 年的万人拥有公交车数量大都在 13 辆左右，较为平稳，标准差也不大。但是，2014 年的数据变化幅度较大，与 2013 年相比，无论是最小值、最大值还是均值、标准差增长幅度都远大于其他年份。

表 4.4　万人拥有公交车描述性统计量

	最小值	最大值	均值	标准差
2009 年	6.19	18.75	12.90	3.04
2010 年	6.11	18.52	12.97	3.00
2011 年	6.49	18.66	13.17	2.99
2012 年	8.10	20.42	14.10	3.39
2013 年	8.80	20.30	14.75	3.30
2014 年	12.32	26.78	19.02	4.48

人均道路面积的描述性统计量如表 4.5 所示，我们发现，和万人拥有公交车类似，该数据在 2014 年的增幅要明显高于其他年份，变化较大。从标准差来看，6 年间数据较为平稳，表明城市的人均道路面积发展速度和人口规模相适应。

表 4.5　人均道路面积描述性统计量

	最小值	最大值	均值	标准差
2009 年	5.27	20.26	11.18	4.11
2010 年	5.32	20.92	11.70	4.60
2011 年	6.07	21.39	12.58	4.20
2012 年	6.02	23.84	13.41	4.52
2013 年	7.15	22.72	14.63	4.19
2014 年	10.28	25.58	16.10	4.51

最后，我们看人均出行次数的描述性统计量（见表 4.6）。与投入数据的逐年增长趋势相比，产出数据表现略有不同。虽然从均值和最大值来看，数据期内人均出行次数一直呈增长趋势，但是最小值在 2010 年和 2014 年出现下降态势，说明各个城市在产出上表现不均衡。从标准差看，除 2012 年有较小的下降外，其他年份变化不大，表明人均出行次数较为平稳。

表 4.6　人均出行次数描述性统计量

	最小值	最大值	均值	标准差
2009 年	126.55	344.46	256.78	55.24
2010 年	119.79	350.28	265.73	58.99
2011 年	150.45	408.00	273.77	60.27
2012 年	184.74	433.02	277.37	59.16
2013 年	184.81	459.79	278.06	64.37
2014 年	174.08	456.05	275.05	65.11

综合上述分析，我们得出以下结果：

从时间角度来看，投入数据中，人均运营线路长度均值 2011 年比 2010 年有很大增长，万人拥有公交车和人均道路面积在 2014 年增长较快，产出数据中，人均出行次数在 2009 年到 2013 年保持增长趋势，但 2014 年有所下降。

（二）城市角度分析

为了分析城市的投入产出评价指标趋势，我们汇总了 19 个城市 6 年间的数据，得出了 2009~2014 年城市公共交通投入产出指标的描述性统计量，如表 4.7 所示。

表 4.7 2009~2014 年 19 个城市公共交通投入产出指标描述性统计量

单位：千米，辆，平方米，次

城市	人均运营线路长度		万人拥有公交车		人均道路面积		人均出行次数	
	均值	标准差	均值	标准差	均值	标准差	均值	标准差
太原	7.24	3.27	8.00	2.38	10.41	2.24	157.19	29.49
沈阳	5.83	2.55	10.73	1.41	12.17	2.70	220.80	8.91
大连	8.09	3.99	16.83	2.18	13.82	0.55	339.22	16.98
长春	9.14	4.67	12.81	0.93	15.64	3.06	192.73	13.82
哈尔滨	6.44	3.87	11.99	2.48	8.03	1.92	239.97	17.60
杭州	19.87	8.59	17.78	1.28	11.05	0.75	289.98	24.75
合肥	7.44	3.38	15.02	3.74	20.77	2.31	285.55	4.77
厦门	22.47	9.32	19.56	4.21	17.13	0.99	407.62	52.47
南昌	12.77	6.29	13.71	2.44	11.54	3.81	254.76	15.97
济南	11.02	6.51	13.94	4.57	18.95	2.15	246.60	23.06
青岛	10.54	4.87	16.74	1.96	21.53	1.22	281.07	38.09
武汉	10.14	4.03	14.98	2.49	14.55	2.13	293.72	14.60
长沙	9.01	3.97	15.18	3.34	13.70	1.84	269.90	23.12
南宁	8.14	2.74	10.40	1.49	11.01	2.60	207.28	22.81
成都	9.42	4.24	17.15	5.04	12.15	0.90	257.99	39.87
贵阳	9.47	5.73	11.78	1.25	6.86	2.29	278.00	14.42
昆明	26.88	14.45	18.32	3.17	13.12	6.50	320.07	17.40
西安	7.19	4.33	12.99	1.60	10.17	1.61	284.10	20.35
乌鲁木齐	8.08	5.08	17.31	2.71	9.53	1.65	324.79	17.74
均值	11.01		14.48		13.27		271.12	

从表 4.7 中可以看出，人均运营线路长度均值数据中昆明、厦门和杭州大于 19 千米，其次是南昌（12.77 千米）和济南（11.02 千米），比全国均值略大，其他城市数据小于全国均值，沈阳、哈尔滨、西安、太原和合肥的人均运营线路长度甚至不到 8 千米，超过全国均值 11.01 千米的城市只有 5 个，不到城市总数的 30%，这说明各城市在线路发展上极度不均衡。而从标准差来看，昆明、厦门和杭州三个城市的标准差最大，都在 8.59 千米之上，表明这三个城市在数据期内的人均运营线路长度数据变化较大，结合这三个城市的均值数据，可以看出这三个城市在数据期内注重城市公共交通基础设施建设，发展速度高于其他城市。而沈阳、南宁、太原、合肥、哈尔滨、长沙和大连的标准差在 4 千米以下，表明这 7 个城市在 6 年间公共交通人均运营线路长度发展速度较慢。沈阳、哈尔滨、太原和合肥的均值较小，标准差也较小，说明这四个城市的运营线路建设发展很慢。

万人拥有公交车数据中，厦门、昆明、杭州、乌鲁木齐和成都拥有的车辆数最多，都超过了 17 辆，而太原、南宁和沈阳的车辆数不到 11 辆，长春、贵阳、杭州、沈阳和南宁的万人拥有公交车的标准差小于 1.5 辆，而成都、济南和厦门的标准差大于 4 辆。有将近一半的城市在万人拥有公交车数据上低于全国均值 14.48 辆。综合来看，杭州的万人拥有公交车均值较大而标准差较小，说明数据期内杭州对公交车的投入很大且较为稳定，另外，成都和厦门虽然均值较大但是标准差也较大，表明这 2 个城市的投入变动幅度较大。

从人均道路面积来看，青岛、合肥、济南、厦门、长春的数据超过 15 平方米，远高于国际现代化城市的参照标准 12 平方米，贵阳、哈尔滨和乌鲁木齐的面积甚至不到 10 平方米，说明这三个城市 6 年间投入力度较小。从标准差来看，昆明、南昌和长春的标准差较大，表明数据期内城市公共交通道路面积波动较大，而大连、杭州、成都和厦门的标准差较小，表明发展速度较为稳定。有 11 个城市在人均道路面积数据上低于全国均值 13.27 平方米，表明城市间发展速度不一。厦门和青岛人均道路面积均值很高但标准差较小，表明这 2 个城市在数据期内对道路投入力度要高于其他城市。

最后来看人均出行次数数据，数据期内出行次数最多的城市有厦门、大连、乌鲁木齐和昆明，超过了 320 次，出行次数最少的城市有太原和长春，不到 200 次，有 10 个城市出行次数超过全国均值 271.12 次。从标准差看，厦门、成都和青岛最大，超过 38 次，表明这三个城市在数据期内人均出行次数波动较大，考虑到这三个城市是全国知名的旅游热点城市，客运总量数据波动较大是正常的，而合肥和沈阳最少，不到 9 次。综合看来，合肥的均值较大，标准差较小，表明合肥的出行次数较为稳定。

综合上述分析，我们得出以下结果：

从城市角度来看，投入数据增长较大的有昆明、厦门、杭州、青岛、合肥和武汉等城市，投入数据增长较小的城市有沈阳、哈尔滨、太原、成都等。产出数据中，人均出行次数最大的城市有厦门、大连、乌鲁木齐和昆明，合肥的人均出行次数较为稳定，数据集中程度好。

（三）运营模式角度分析

为了对比不同运营模式下的投入产出差异，本节我们从企业运营方式和政府管理方式出发对数据进行描述。

1. 企业运营方式

2009~2014 年，无论是哪一种运营方式，人均运营线路长度均值在 2011 年的数据变化差异非常大（见表 4.8）。

表 4.8　不同运营方式下的人均运营线路长度　　　　　单位：千米

	垄断化		多元化		混合化	
	均值	标准差	均值	标准差	均值	标准差
2009 年	3.45	1.36	1.93	0.57	2.63	1.54
2010 年	7.02	5.27	2.16	0.89	2.12	0.63
2011 年	14.84	7.23	7.60	0.54	10.94	1.57
2012 年	15.23	8.70	7.70	0.69	10.95	1.60

续表

	垄断化		多元化		混合化	
	均值	标准差	均值	标准差	均值	标准差
2013 年	15.49	7.85	8.59	1.33	11.21	1.88
2014 年	16.20	8.25	8.82	1.47	11.16	1.03

垄断化运营方式下的 2011 年的均值比 2010 年增长了 1.1 倍，多元化增加了 2.5 倍，而混合化增长最大，达到了 4.2 倍。从不同运营方式来看，6 年间垄断化城市的人均运营线路总长数据要明显高于混合化，多元化最低。而从标准差数据来看，多元化和混合化运营方式下的城市数据较为集中，而垄断化的数据分散程度略高。

万人拥有公交车数据上（见图 4.1），三种运营方式在 2014 年数据相对其他年份增长稍微大一些，垄断化和多元化运营方式 2014 年的均值比 2013 年的均值增长了 30%，而混合化增长较小，只有 10% 左右。集中程度上还是多元化和混合化较为集中。

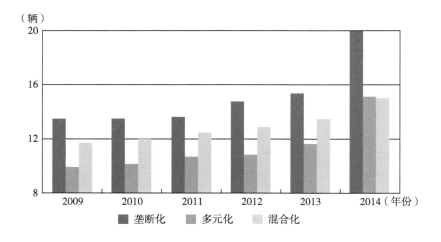

图 4.1 不同运营方式下的万人拥有公交车均值

其他两个指标的描述如表 4.9 和表 4.10 所示。人均道路面积数据中，2014年垄断化的城市均值增长较大（11%），而多元化和混合化运营方式下的均值变化平稳，增幅小于 5 个百分点，集中程度的数据特征和前两个投入数据相同。

表 4.9　不同运营方式下的人均道路面积　　　　　　单位：平方米

	垄断化		多元化		混合化	
	均值	标准差	均值	标准差	均值	标准差
2009 年	11.80	4.29	7.44	2.11	10.31	2.54
2010 年	12.30	4.89	8.22	2.90	10.71	2.41
2011 年	13.10	4.35	9.03	2.88	12.29	3.96
2012 年	13.88	4.77	10.36	2.31	12.94	4.62
2013 年	14.83	4.41	12.43	3.38	15.34	4.59
2014 年	16.54	4.65	13.10	3.99	15.85	5.08

最后，无论是哪一种运营方式，人均出行次数在数据期间内变化较为平稳，垄断化和混合化在 2010 年和 2014 年、多元化在 2013 年的出行次数有略微下降趋势，其他年份都呈现增长趋势，但变动幅度很小。

表 4.10　不同运营方式下的人均出行次数　　　　　　单位：次

	垄断化		多元化		混合化	
	均值	标准差	均值	标准差	均值	标准差
2009 年	265.13	59.10	220.03	3.75	230.85	30.24
2010 年	276.80	59.77	225.84	0.85	222.57	62.28
2011 年	284.44	60.11	231.30	0.15	236.18	81.69
2012 年	287.44	58.74	234.15	7.92	245.08	85.34
2013 年	288.18	66.33	231.27	26.38	248.88	68.43
2014 年	283.51	68.55	239.71	42.60	246.92	59.65

为了对比不同运营方式下 2009~2014 年的四个评价指标，我们给出了描述性统计量（见表 4.11）。

表 4.11　2009~2014 年不同运营方式下描述性统计量

单位：千米，辆，平方米，次

	人均运营线路长度		万人拥有公交车		人均道路面积		人均出行次数	
	均值	标准差	均值	标准差	均值	标准差	均值	标准差
垄断化	12.04	8.35	15.11	4.14	13.74	4.72	280.92	60.97
多元化	6.13	3.14	11.36	2.03	10.10	3.11	230.38	16.65
混合化	8.17	4.41	12.90	1.25	12.90	3.68	238.41	50.51

不难发现，垄断化运营方式下的三个投入和产出数据均值都大于混合化运营方式，而多元化运营方式下的投入和产出数据均值最小。从标准差来看，垄断化数据集中程度最低，混合化次之。

2. 政府管理方式

2009~2014 年，无论是哪一种政府管理方式，人均运营线路长度均值在 2011 年前后的数据变化差异非常大（见表 4.12），2011 年交叉管理方式下的均值比 2010 年增长了 98%，一体化管理方式增长了 174%，而一城一交管理方式增长了 73%。另外，除一城一交管理方式 2013 年的均值比 2012 年降低了 10% 左右外，其他管理方式下均值都呈现增长态势。从不同管理方式来看，6 年间交叉管理方式下的城市人均运营线路总长要高于一城一交管理方式，一体化管理方式下的均值最低。从标准差数据来看，一体化管理方式和一城一交管理方式下的城市数据较为集中，交叉管理方式下的数据集中程度小。

表 4.12　不同管理方式下的人均运营线路长度　　　　单位：千米

	交叉管理		一体化管理		一城一交管理	
	均值	标准差	均值	标准差	均值	标准差
2009 年	3.77	1.30	2.80	1.26	3.73	2.26
2010 年	8.27	5.71	4.48	4.71	7.51	4.38
2011 年	16.42	10.16	12.29	5.03	12.98	2.62
2012 年	17.61	11.93	12.02	5.82	13.93	3.45
2013 年	18.16	9.87	12.73	5.93	11.51	1.15
2014 年	19.19	10.38	13.00	6.17	12.40	1.08

万人拥有公交车数据上，三种管理方式在 2014 年数据相对其他年份增长稍大（见表 4.13），交叉管理方式和一体化管理方式下 2014 年的均值比 2013 年的均值增长了 30%，而混合化增长了 20%，集中程度上一城一交管理方式下的数据较为集中。

表 4.13　不同管理方式下的万人拥有公交车　　　　　单位：辆

	交叉管理		一体化管理		一城一交管理	
	均值	标准差	均值	标准差	均值	标准差
2009 年	14.44	3.12	11.81	2.90	14.26	1.51
2010 年	13.96	3.06	12.20	3.13	14.30	1.01
2011 年	13.84	2.91	12.44	3.14	15.15	1.80
2012 年	14.85	3.15	13.08	3.20	17.45	4.19
2013 年	16.12	3.97	13.87	3.09	15.46	0.90
2014 年	21.21	4.41	17.92	4.66	18.52	1.98

　　人均道路面积数据没有特别明显的变动幅度（见表 4.14），相对来看，2014 年增长稍大一些。一城一交管理方式下的数据均值大于交叉管理方式下的数据，一体化管理方式下的均值最小。从集中程度上来看，交叉管理方式下的数据较为集中，一城一交在 2013 年和 2014 年的数据较为集中，其他年份数据较为分散。

表 4.14　不同管理方式下的人均道路面积　　　　　单位：平方米

	交叉管理		一体化管理		一城一交管理	
	均值	标准差	均值	标准差	均值	标准差
2009 年	11.47	3.04	10.19	4.06	15.80	6.31
2010 年	11.84	4.05	10.65	4.46	17.07	5.45
2011 年	12.26	2.92	11.81	4.34	17.80	5.08
2012 年	13.23	2.58	12.42	4.60	19.42	6.25
2013 年	14.59	3.26	13.88	4.56	18.88	3.64

续表

	交叉管理		一体化管理		一城一交管理	
	均值	标准差	均值	标准差	均值	标准差
2014 年	16.70	5.72	15.20	4.03	19.30	2.89

最后看人均出行次数，我们发现，交叉管理方式下的城市人均出行次数均值在 2010 年有较大增长（见图 4.2），但 2010 年之后，人均出行次数变动不大。一体化管理方式下的城市 2010 年均值比 2009 年略低，2010 年之后呈现增长态势，而一城一交管理方式下的城市在 2010 年增长很大（超过 10%），但是 2013 年和 2014 年的数据下降较大（年均下降 9% 左右）。

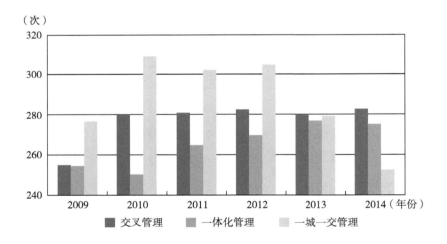

图 4.2　不同管理方式下的人均出行次数均值

不同管理模式下，2009～2014 年的四个评价指标的描述性统计量如表 4.15 所示。可以看出，2009～2014 年，一城一交管理方式下的万人拥有公交车、人均道路面积和人均出行次数均值都大于交叉管理方式，交叉管理方式均值要大于一体化管理方式。在人均运营线路长度数据上，交叉管理方式下的均值大于一城一交管理方式，一体化管理方式下的均值最小。从标准差来看，除人均道路面积数据标准差稍微比交叉管理下大一些外，一城一交管理方式下的数据集中程度更高。

表 4.15   2009~2014 年不同管理方式下描述性统计量

单位：千米，辆，平方米，次

	人均运营线路长度		万人拥有公交车		人均道路面积		人均出行次数	
	均值	标准差	均值	标准差	均值	标准差	均值	标准差
交叉管理	13.90	10.18	15.74	4.14	13.35	3.92	276.86	51.12
一体化管理	9.55	6.49	13.55	3.88	12.36	4.53	265.04	67.52
一城一交管理	10.34	4.26	15.86	2.32	18.04	4.00	287.40	28.28

综合上述分析，我们得出以下结果：

从企业运营方式来看，2009~2014 年垄断化运营方式下的三个投入和产出数据均值都大于混合化运营方式，而多元化运营方式下的投入和产出数据均值最小。从标准差来看，垄断化数据集中程度最低，混合化万人拥有公交车数据标准差较小，其他数据的标准差都大于多元化运营方式下的数据。

从政府管理方式来看，2009~2014 年一城一交管理方式下除人均运营线路长度小于交叉管理方式外，其他三个投入产出数据均值都大于交叉管理方式，交叉管理方式均值要大于一体化管理方式。交叉管理方式下的人均运营线路长度均值大于一城一交，一体化管理方式下的均值最小。从标准差来看，一城一交管理方式下的数据更集中。

六、城市公共交通 SE-DEA-Gini 效率分析

（一）整体角度

本节基于图效率的 SE-DEA-Gini 方法对 19 个城市 2009~2014 年的公共交通服务效率进行评价，得到 SE-DEA-Gini 效率，结果如表 4.16 所示。

由于 SE-DEA-Gini 评价方法得到的效率去除了小于 1 的限制，在决策单元

效率结果比较时，参照 Lao 和 Liu[62] 的研究结论并结合城市公共交通服务的实际情况对效率结果进行区分。如果决策单元的 SE-DEA-Gini 效率大于或等于 1，认为该决策单元处于高效水平；如果 SE-DEA-Gini 效率大于 0.8 小于 1 则认为该决策单元处于相对有效水平；如果效率值低于 0.8，则认为该决策单元处于低效水平。此处所指的高效水平、相对有效水平和低效水平是为了对不同效率结果进行区分，与 DEA 模型中所指的 DEA 有效和 DEA 无效有差别。此处所讲的处于高效水平在 DEA 模型中和 DEA 有效概念相对应，而此处所指的相对有效水平和低效水平和 DEA 模型中所指的 DEA 无效相对应。

表 4.16 2009~2014 年城市公共交通 SE-DEA-Gini 效率

城市	2009 年	2010 年	2011 年	2012 年	2013 年	2014 年	均值
太原	1.4051	1.3728	1.4548	1.4770	1.4689	1.4832	1.4436（5）
大连	0.9607	1.5505	1.5480	1.5716	1.5426	1.5455	1.4531（4）
杭州	0.8284	0.9739	0.8566	0.8584	0.8236	0.8604	0.8669（14）
合肥	0.9305	0.9429	1.2278	0.9242	0.8636	0.8586	0.9579（12）
厦门	1.5600	2.0000	2.0000	2.0000	2.0000	2.0000	1.9267（1）
南昌	0.8652	0.8633	0.8635	0.8444	0.7989	0.8346	0.8450（16）
济南	0.7918	0.8357	0.8693	0.8551	0.7689	0.7999	0.8201（18）
青岛	0.8352	0.9204	0.8794	0.8405	0.8292	0.7836	0.8480（15）
武汉	0.9168	1.5383	0.9145	0.8896	0.8716	0.8595	0.9984（10）
长沙	0.9064	0.8861	0.8981	0.8796	0.8589	0.8472	0.8794（13）
南宁	0.7924	0.8839	1.4897	0.9257	0.8918	0.8870	0.9784（11）
成都	0.7580	0.8047	0.7983	0.8275	0.8372	0.9140	0.8233（17）
贵阳	2.0000*	1.8289	1.8322	1.8217	1.8319	1.5312	1.8076（2）
昆明	0.8975	1.8491	1.5437	0.8954	0.8211	0.7713	1.1297（9）
乌鲁木齐	2.0000*	1.5575	1.2333	1.5664	1.5563	1.8464	1.6267（3）
沈阳	0.8674	1.1593	1.5085	1.5341	1.5045	1.5154	1.3482（7）
哈尔滨	1.3882	1.5395	1.2309	1.2336	1.2098	1.5495	1.3586（6）
长春	0.7502	0.7289	0.7092	0.7335	0.7500	0.8216	0.7489（19）
西安	0.9494	1.5452	1.3912	1.2668	0.9452	1.2478	1.2243（8）

注：括号中是排序结果；* 表示效率值相同是因为仅保留 4 位有效数字，下同。

从效率均值来看，2009~2014 年效率均值大于 1 的城市有 9 个，效率值大于 0.8 小于 1 的城市有 9 个，效率均值小于 0.8 的城市有 1 个。处于高效水平的城市由高到低依次是厦门、贵阳、乌鲁木齐、大连、太原、哈尔滨、沈阳、西安和昆明，处于低效水平的城市只有长春。整体来看，太原、厦门、贵阳、乌鲁木齐和哈尔滨 5 个城市在 2009~2014 年效率值均大于 1，表明这 5 个城市公共交通服务一直处于高效水平。大连、沈阳和西安这 3 个城市只有 2009 年的效率值小于 1，其他 5 年的效率值也都大于 1，表明这几个城市效率次之。另外，合肥（2011 年）、武汉（2010 年）、南宁（2011 年）和昆明（2010 年、2011 年）在特殊年份处于高效水平，其他年份处于相对有效水平。

我们发现，2009~2014 年处于高效水平的城市最多的年份是 2010 年和 2011 年，分别有 10 个和 11 个，2009 年高效的城市只有 5 个，2013 年有 7 个，其他年份都是 8 个。这与我们之前的描述性统计分析中得到的 2011 年前后城市投入产出数据有显著变化有关，2011 年前后，很多城市都注重优先发展公共交通，加大力度对公共交通投入的建设，扩大了公共交通供给，供给的扩大为居民出行带来了便利，又反过来增加了居民的出行需求，表现为效率值高的城市数目变多。2011 年之后，高效的城市数目减少，保持在 8 个上下。

2009~2014 年，19 个城市公共交通服务效率最大值为 2，最小值为 0.7092，表明 19 个城市公共交通服务效率有较大差异。从 2014 年效率结果来看（其他年份可参照分析，本书从略），厦门、乌鲁木齐、哈尔滨、大连、贵阳、沈阳、太原和西安 8 个城市的服务效率大于 1，占所有城市的 42%。厦门的效率值为 2，表明厦门在公共交通资源投入、利用率和规模上都达到了有效水平。同时，昆明、青岛和济南 3 个城市效率值低于 0.8，昆明和青岛处于低效的原因在于城市投入力度过大，而产出并没有显著增长，从而导致效率值最低。另外，其他 8 个城市效率值在 0.8~1，表明这些城市处于相对有效水平区间，在服务和投入产出规模上并没有达到最佳，考虑到城市投入水平差距不大，下一步的改进方向要提高产出水平。

将城市按照企业运营方式分类，得到 2009~2014 年不同运营方式下的效率均值，折线图如图4.3所示。从图中不难发现，2009~2014年，采用多元化运营的城市效率要高于垄断化运营，而垄断化运营的效率要高于混合化运营的效率。而对单个城市分析也发现，采用多元化运营的城市沈阳和哈尔滨2009~2014年的效率值一直较高，而混合化运营的长春效率值一直很低，垄断化运营的城市较多，但效率值居中。多元化运营和垄断化运营的效率均值大于1，而混合化运营的城市除2009年和2013年之外，其他年份的效率值略大于1。

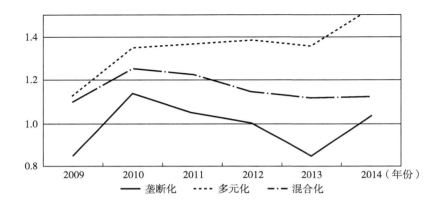

图4.3　2009~2014年不同运营方式下效率均值

因此，假设A获得验证。由此我们得到如下结论：采用市场导向的多元化运营方式下的效率结果高于政府导向的垄断化和混合化运营方式。而且图4.3还表明，垄断化运营方式的效率结果比混合化运营要好。

2009~2014年不同管理方式下的城市公共交通服务效率均值折线图如图4.4所示。

不难发现，2009~2014年，采用一体化管理方式的城市效率最好，2009年和2010年，一城一交管理方式的效率要高于交叉管理方式，但是2010年之后，交叉管理方式的效率要优于一城一交管理方式下的效率。结合单个城市分析也发现，采用一城一交的2个城市青岛和武汉在2009~2014年效率值较低，而采用一体化管理的11个城市效率值较高。

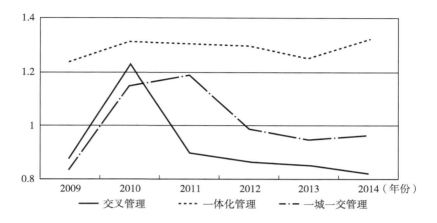

图 4.4 2009~2014 年不同管理方式下效率均值

因此,假设 B 获得验证。由此我们得到如下结论:一城一交管理方式下的服务效率未必比其他管理方式高。从图 4.4 中不难看出,采用一体化管理方式的城市效率要高于其他管理方式,交叉管理和一城一交管理方式互有高低。

(二)运营模式角度

前文分析了不同运营模式之间的效率差异,接下来本书对同一运营模式内部的不同城市公共交通服务效率结果进行分析。

1. 企业运营方式

先从运营方式来看,垄断化运营的城市有 15 个,多元化运营的城市有 2 个,混合化运营的城市有 2 个,分别以这些城市为决策单元,利用基于图效率 SE-DEA-Gini 评价方法得出这些城市在垄断化运营、多元化运营和混合化运营方式下的 2009~2014 年的效率,结果如表 4.17、表 4.18、表 4.19 所示。

表 4.17 2009~2014 年垄断化运营方式下城市公共交通 SE-DEA-Gini 效率

城市	2009 年	2010 年	2011 年	2012 年	2013 年	2014 年	均值
太原	1.4009	1.3968	1.6377	1.5077	1.7944	1.8264	1.5940

续表

城市	2009 年	2010 年	2011 年	2012 年	2013 年	2014 年	均值
大连	0.9605	1.5484	1.5457	1.5682	1.5380	1.5417	1.4504
杭州	0.8282	0.9739	0.8564	0.8583	0.8236	0.8900	0.8717
合肥	0.9301	0.9431	1.5126	0.9317	0.8934	0.8854	1.0160
厦门	1.5569	2.0000	2.0000	2.0000	2.0000	2.0000	1.9261
南昌	0.8646	0.8638	0.8634	0.8443	0.7990	0.8349	0.8450
济南	0.7912	0.8527	0.8730	0.8577	0.7691	0.8003	0.8240
青岛	0.8349	0.9204	0.8792	0.8404	0.8509	0.8266	0.8587
武汉	0.9166	1.5413	0.9160	0.8925	0.8719	0.8627	1.0002
长沙	0.9061	0.8861	0.8980	0.8820	0.8803	0.8972	0.8916
南宁	0.7915	0.8848	1.6534	1.5297	0.9282	0.9388	1.1211
成都	0.7575	0.8050	0.8115	0.8325	0.8371	0.9137	0.8262
贵阳	2.0000	1.8321	1.8306	1.8212	1.8327	1.8317	1.8580
昆明	0.8975	1.8519	1.5416	0.8953	0.8212	0.7715	1.1298
乌鲁木齐	2.0000	1.5555	1.2297	1.5630	1.5519	1.8433	1.6239

从 2009~2014 年垄断化运营方式下的 SE-DEA-Gini 效率均值来看（见表 4.17），处于高效水平的城市有厦门、贵阳、乌鲁木齐、太原、大连、昆明、南宁、合肥和武汉，占到城市总数的 60%，剩下的 6 个城市处于相对有效水平。2009~2014 年，处于高效水平的城市数量最多有 8 个（2011 年），最少有 4 个（2009 年），2011 年处于高效的城市数量最多，占到城市总数的一半左右，表明 2011 年采用垄断化运营的城市公共交通投入产出匹配程度较好，2011 年后，各城市加大力度进行公共交通建设，投入变大而产出水平没有随之增长，导致高效水平的城市数量下降。2009~2014 年，厦门、贵阳、乌鲁木齐和太原四个城市的效率均大于 1，表明这些城市在这 6 年间公共交通服务在投入和产出上均达到了最佳，处于高效水平。大连除 2009 年外，其他 5 年效率值也都大于 1，表明大连在投入产出上达到了次佳。另外，昆明（2010 年和 2011 年）、南宁（2011 年和 2012 年）、合肥（2011 年）、武汉（2010 年）在特定年份处于高效水平，但其他年份效率都处于相对有效水平，说明这些城市在公共交通服务的投入和产出上不

匹配，需要优化公共交通内部结构，扩大产出规模。另外，成都、济南和南宁（2009 年），济南和南昌（2013 年），昆明（2014 年）处于低效水平，表明这些城市的公共交通在投入和产出上匹配程度最低，投入资源的配置和利用并没有完全挖掘。

2009~2014 年，采用多元化运营方式的城市有沈阳和哈尔滨，这两个城市的效率均值都大于 1（见表 4.18），处于高效水平，表明这两个城市的投入产出规模匹配程度好，投入资源和利用率达到了最佳。沈阳在 2009 年处于相对有效水平，其他年份都处于高效水平，2011 年沈阳的效率值高于哈尔滨，表明相对于哈尔滨来讲，沈阳在 2011 年的投入产出规模更好。哈尔滨除 2011 年外，其他年份效率值都大于沈阳，表明多元化运营方式下的哈尔滨在公共交通资源投入产出匹配程度上要比沈阳更好。

表 4.18 2009~2014 年多元化运营方式下城市公共交通 SE-DEA-Gini 效率

城市	2009 年	2010 年	2011 年	2012 年	2013 年	2014 年	均值
沈阳	0.9762	1.5427	2.0000	1.8346	1.8135	1.797	1.6607
哈尔滨	2.0000	2.0000	1.5450	2.0000	2.0000	2.0000	1.9242

2009~2014 年，采用混合化运营方式的城市有长春和西安，这两个城市的效率均值都大于 1（见表 4.19），处于高效水平，表明这两个城市的投入产出规模匹配，投入资源和利用率达到了最佳。西安在 2009~2014 年均处于高效水平，长春除 2009 年和 2010 年外也都处于高效水平。但是相比而言，2009 年长春的公共交通资源配置水平和西安相差很远，效率值仅为 0.8548，2010 年有所提高，西安的效率值为 2，而长春为 0.8393，2010 年后，长春逐步改善了公共交通资源配置水平，投入产出规模更加匹配，但是相比西安来讲，还有进一步的改进空间。

表 4.19　2009~2014 年混合化运营方式下城市公共交通 SE-DEA-Gini 效率

城市	2009 年	2010 年	2011 年	2012 年	2013 年	2014 年	均值
长春	0.8548	0.8393	1.4058	1.3989	1.4051	1.4462	1.2250
西安	3.2408	2.0000	2.0000	2.0000	2.0000	2.0000	2.2068

2. 政府管理方式

从管理方式来看，采用交叉管理方式的城市有 6 个，一体化管理的城市有 11 个，一城一交管理的城市有 2 个，分别以这些城市为决策单元，利用 SE-DEA-Gini 评价方法得出这些城市在不同管理方式下的 2009~2014 年的 SE-DEA-Gini 效率，结果如表 4.20、表 4.21 和表 4.22 所示。

表 4.20 给出了 2009~2014 年交叉管理方式下的 SE-DEA-Gini 效率均值，从均值来看，除济南处于相对有效水平外，其他 5 个城市均处于高效水平。2009~2014 年，处于高效水平的城市数量最多的是 5 个（2009 年），最少的是 3 个（2010 年），其他年份都是 4 个，可以看出交叉管理方式下的城市对公共交通资源的配置和利用都处于较高水平，大部分城市处于高效水平。分城市来看，大连和南宁 2 个城市在 6 年间均处于高效水平，杭州 2010 年和 2011 年处于相对高效水平，2011 年后相对于其他城市，杭州市处于高效水平，表明资源利用率相对其他城市有所提高。济南除 2010 年处于高效水平外，其他年份均处于相对有效水平，考虑到济南的产出水平并没有明显优势的情况下，济南要提升公共交通服务效率有必要在提高公共交通产出水平上做进一步改善。成都在 2010~2012 年效率小于 1，表明成都在这三年的公共交通资源配置并不理想，2013 年之后资源配置较理想。昆明在 2009~2012 年一直处于高效水平，但是 2013 年之后，效率处于相对有效水平，这和昆明 2014 年加大对公共交通运营线路的投入而产出并没有明显提升有较大关系。

表 4.20　2009~2014 年交叉管理方式下城市公共交通 SE-DEA-Gini 效率

城市	2009 年	2010 年	2011 年	2012 年	2013 年	2014 年	均值
大连	2.0000	1.5400	1.8449	2.0000	2.0000	2.0000	1.8975

续表

城市	2009 年	2010 年	2011 年	2012 年	2013 年	2014 年	均值
杭州	1.1889	0.9906	0.8891	1.4916	1.5005	1.5036	1.2607
济南	0.8556	1.5012	0.8935	0.8904	0.8291	0.8737	0.9739
南宁	1.6857	1.8046	1.8015	1.8419	1.8473	1.8354	1.8027
成都	1.5096	0.8614	0.8522	0.9127	1.1988	1.5232	1.1430
昆明	1.5358	2.0000	2.0000	1.5168	0.9263	0.8936	1.4788

2009～2014 年，采用一体化管理方式的城市有 11 个，其中 8 个城市的效率均值大于 1（见表 4.21），处于高效水平，2 个城市处于相对有效水平，1 个城市处于低效水平。2009～2014 年，处于高效水平的城市数量最多有 8 个（2010 年和 2011 年），最少有 5 个（2009 年），最少的年份也占到了城市总数的 45%，表明大部分城市处于高效水平范围之内。具体来看城市情况，长春 2014 年处于相对有效水平，其他 5 年间效率结果都小于 0.8，处于低效水平，意味着长春在 2009～2013 年城市公共交通资源配置和利用都处于较低水平，在投入产出规模上还有很大的提升空间。厦门在 6 年间一直处于高效水平，除 2009 年效率低于贵阳和乌鲁木齐外，2010～2014 年的效率值远比其他所有处于一体化管理方式下的城市效率高，表明厦门的城市公共交通资源配置和利用非常高效，投入产出规模达到最佳。此外，贵阳、乌鲁木齐、太原和哈尔滨这 4 个城市的效率结果在 2009～2014 年也均大于 1，意味着这 4 个城市的公共交通资源配置和利用高效。沈阳（2010～2014 年）、西安（2010～2012 年、2014 年）、合肥（2010 年和 2011 年）处于高效水平，其他年份则处于相对有效水平。长沙和南昌在数据期间内一直处于相对有效水平，意味着城市在投入产出规模上还有待提高。

表 4.21　2009～2014 年一体化管理方式下城市公共交通 SE-DEA-Gini 效率

城市	2009 年	2010 年	2011 年	2012 年	2013 年	2014 年	均值
太原	1.3881	1.3593	1.4508	1.4711	1.4640	1.4768	1.4350
沈阳	0.8645	1.1476	1.5083	1.5191	1.4893	1.5048	1.3389

城市	2009 年	2010 年	2011 年	2012 年	2013 年	2014 年	均值
长春	0.7474	0.7278	0.7199	0.7323	0.7487	0.8200	0.7493
哈尔滨	1.3765	1.5314	1.2220	1.2243	1.1997	1.5489	1.3505
合肥	0.9288	1.2191	1.5088	0.9236	0.8614	0.8568	1.0497
厦门	1.5474	2.0000	2.0000	2.0000	2.0000	2.0000	1.9246
南昌	0.8630	0.8656	0.8827	0.8546	0.7987	0.8347	0.8499
长沙	0.9051	0.9071	0.9277	0.8795	0.8578	0.8462	0.8872
贵阳	2.0000	1.8270	1.8381	1.8319	1.8334	1.5268	1.8095
西安	0.9483	1.5397	1.5450	1.2626	0.9440	1.2387	1.2464
乌鲁木齐	2.0000	1.8492	1.5505	1.5531	1.5435	1.8421	1.7231

最后来看一城一交管理方式下的城市公共交通 SE-DEA-Gini 效率结果（见表4.22）。武汉在2009~2014 年相对于青岛来说一直处于高效水平，2009 年效率结果比青岛高出很多，意味着武汉的城市公共交通资源配置和利用非常有效，投入产出规模达到最佳水平。而青岛除 2009 年处于相对有效水平外，其他年份也处于高效水平。2011 年和 2012 年青岛和武汉效率值很接近，但是从数值上看，武汉效率结果略高一些，青岛在 2010 年的效率值高于武汉。

表4.22　2009~2014 年一城一交管理方式下城市公共交通 SE-DEA-Gini 效率

城市	2009 年	2010 年	2011 年	2012 年	2013 年	2014 年	均值
青岛	0.9764	2.6647	2.0000*	2.0000*	1.5019	1.8041	1.8245
武汉	3.2403	2.0000	2.0000*	2.0000*	2.0000	2.0000	2.2067

从研究结果可以看出，不同运营模式的选择会对城市公共交通评价结果产生影响，多元化运营方式下的效率要高于垄断化和混合化运营方式，一城一交管理方式下的服务效率未必比其他管理方式高。具体对于城市而言，提高公交服务效率，改善公共交通系统服务水平就显得尤为重要。基于本书研究，提升服务效率需要优化公共交通资源配置，提高资源利用率。虽然公共交通建设投资要有一定

的前瞻性，但是不能单纯地加大投资公共交通运营车辆和运营里程来吸引居民公交出行，优化资源配置是关键。此外，城市人均出行次数越高，评价结果越好，表明城市对公共交通资源的利用率较高。因此，城市提高公交服务效率要从资源配置和利用上着手，从管理部门和运营企业的内外部条件和实际环境出发，优化产业结构，发展规模经济，深化产权制度改革，将市场化竞争逐步引入公共交通运营之中，运用现代化管理手段，通过推行绩效考核制度，建立行之有效的激励机制。

七、本章小结

本章提出了基于图效率的 SE-DEA-Gini 评价方法，该方法能够避免 DEA 方法效率结果不唯一的情形，保证可行解的存在性，通过对不同指标集引入 Gini 准则得到了客观权重，减小了指标重要程度不一致的影响，提高 DEA 方法的判别能力。以全国 19 个城市 2009~2014 年的公共交通面板数据进行了实证分析，从整体角度和不同运营模式角度得出了城市公共交通服务效率的差异，得到了两个结论，即多元化运营方式下的效率要高于垄断化和混合化运营方式；一城一交管理方式下的服务效率未必比其他管理方式高。

第五章 基于改进博弈交叉效率方法的城市公共交通绩效评价

在第四章中，为了解决传统 DEA 效率值不唯一性和指标重要程度不一致的缺陷，我们给出了基于图效率 SE-DEA-Gini 评价方法解决不唯一性，通过引入 Gini 准则构建了组合判别方法，解决了指标重要程度不一致的问题，提高了评价方法的判别能力。组合判别方法吸取了 DEA 方法和 Gini 准则的各自优点，为绩效评价提供了新的组合评价方法选择。

在对 DEA 效率不唯一性的研究中，除利用组合判别方法外，对传统 DEA 方法进行拓展也是一个重要的研究方向。在诸多拓展方法中，引入互评方式的交叉效率评价方法能够在不需要对权重施加事先信息的情况下对决策单元进行区分，受到了学者们的广泛关注。但是，每个决策单元确定最优权重时的任意性会导致某些决策单元受益或受损，此时交叉效率评价方法有失公允。因此，引入博弈理念的博弈交叉效率受到重视，为了解决博弈交叉效率结果的不唯一性和收敛速度慢等缺陷，本章提出了改进的博弈交叉效率评价方法。利用该方法对全国 19 个城市 2009~2014 年的公共交通面板数据进行绩效评价，分析了不同运营模式下的公共交通发展状况。

组合评价方法和拓展方法是 DEA 方法研究中的两条路径，组合评价方法是将某种新的方法、信息或思想嫁接到 DEA 方法中，通过简单的组合方式避免原始方法的缺陷，从而提升了 DEA 方法的判别能力。而拓展方法则是在原有存在缺陷的方法上，继续深入研究该方法，解决原有方法的缺陷和不足。若评价指标中存在重要程度不一致现象，并且 DEA 方法不能区分所有决策单元时建议选择 SE-DEA-Gini 评价方法。本章改进的博弈交叉效率评价方法通过对有效和非有效决策单元施加限制对有效和无效决策单元进行了分离，提高了判别能力，引入正则限制则改善了迭代算法的收敛速度，解决了已有方法的缺陷。若决策单元在最优权重选择时既要考虑自己，还要考虑其他决策单元的利益，而且当决策单元数量过多影响收敛速度时，为提高评价方法的判别能力，此时可以选用本章改进的博弈交叉效率评价方法。

本章内容安排如下：第一节介绍了已有交叉效率评价方法和博弈交叉效率评价方法的不足；第二节提出了改进的博弈交叉效率评价方法，该方法能消除博弈交叉效率评价方法结果的不唯一性，改善迭代算法的收敛性；第三节对传统博弈交叉效率方法和改进的博弈交叉效率方法的效率结果唯一性和收敛性进行对比；第四节简要描述了本书所选变量和数据来源；第五节利用改进的博弈交叉效率评价方法对城市公共交通绩效进行了评价，得到了改进的博弈交叉效率；第六节对本章做了简要总结。

一、引言

虽然 DEA 方法拥有较强的比较优势被广泛应用于众多行业业绩评价之中[175][176]，但该方法在排序方面的劣势使得众多学者对 DEA 方法进行了多方面的探索，如交叉效率评价方法[116]，二次目标规划方法[117]，区间 DEA 方法等[177][178]。作为 DEA 方法的一种拓展形式，由于交叉效率方法可对所有 DMU 进行充分排序，而且可在不需要对权重约束施加事先约束的情况下消除 DEA 权重不现实的问题从而受到众多研究者的关注（梁樑和吴杰[179]），在很多研究领域如城市轨道交通绩效评价[180]，绩效标杆学习[181]，基础设施经济效益评价[182]

中都有着广泛的应用。

但是传统的交叉效率评价方法在确定每个决策单元时任意产生的最优权重可能使得一些决策单元受益，另一些受损，此时利用传统的交叉效率模型进行评价和区分显然并不合理。Liang 等[123] 将博弈论方法引入 DEA 模型中，改进了交叉效率方法，提出了博弈交叉效率方法，该方法保持了交叉效率方法充分排序和不需要对权重约束施加事先信息等优点，避免了决策单元最优权重选择时的任意性，拓展了交叉效率方法的使用范围，博弈交叉效率方法使得每个决策单元在其他决策单元效率不受损害的情况下最大化自身效率值，用迭代算法求解最终效率结果。由于该方法的适用性较广，一些学者将该方法运用于带偏好投票问题[183]，奥运会国家排序[125] 和供应商选择[184][185] 等问题中。但是，和交叉效率方法类似，博弈交叉效率所得结果也不能保证唯一性，导致区分决策单元的功效减弱，从而降低了评价方法的有效性，而且当决策单元数量增多时，迭代算法的收敛速度没有明显优势。为了解决这一问题，本书在经典的博弈交叉效率评价方法基础上，提出了改进的博弈交叉效率评价方法，利用改进方法对城市公共交通进行绩效评价。

二、改进的博弈交叉效率方法

在管理学研究中，如何对决策单元进行客观评价和全局区分是一个重要的研究课题。传统的 DEA 方法认为每个决策单元会选择符合自己偏好的权重最大化自身的效率，但缺陷在于可能会出现多个 DEA 有效的决策单元，从而不能完全排序。而且，若每个决策单元都选择对自己最有利的权重，那么决策单元之间的可比性就会存在问题。为克服这一问题，Sexton、Silkman 和 Hogan[116] 提出了交叉效率评价方法，不同于传统以自评为主的 DEA 方法，交叉效率评价融合了自评与互评思想，既能缓解最优权重选择时的极端灵活性，又能消除权重不现实的问题，使决策单元的效率评价结果具有可比性，同时得到一个完全排序，故在很多研究领域都有着广泛应用。有鉴于交叉效率评价方法的优越性，众多学者进行了深入的研究和拓展。

但是，该方法依然可能存在多个最优解，这种不唯一性严重影响了交叉效率评价方法的实用性。为解决这一问题，吴德胜[168] 将自评和互评思想与 DEA 融合，建立了 Max-min DEA 模型，得到了各决策单元的均衡效率，该模型保护了弱小决策单元的效率，但同时也损害了其他决策单元的效率。随后，Wu 等[169] 在拓展纳什讨价还价模型的基础上建立了交叉效率纳什讨价还价博弈模型，该方法从决策单元博弈的角度出发，尽可能最大化决策单元的效率值。上述两个方法并没有考虑到决策单元在最优权重选择时的博弈，Liang 等[123] 在交叉效率模型中引入了博弈概念，提出了博弈交叉效率方法，该方法不仅可以有效处理决策单元间在最优权重选择时的博弈，同时也能最优化各决策单元间的交叉效率，极大地拓展了经典的交叉效率方法。另外，还给出了迭代算法求解博弈交叉效率值，并证明迭代算法收敛于纳什均衡解。Wu、Liang 和 Chen[125] 将博弈交叉效率方法拓展到规模收益可变情形下，并剔除了交叉效率为负的情形，利用提出的模型研究了奥运会参赛国奖牌竞争力排序问题。

然而，博弈交叉效率评价方法存在以下缺陷从而降低了适用性：一是博弈交叉效率结果并非在同一权重空间中获得，不利于在同样的权重空间中区分决策单元；二是不能保证所得效率值的唯一性，导致决策单元的区分效果降低；三是当决策单元数目增多时，迭代算法的收敛速度明显变慢。

本节在博弈交叉效率评价方法的基础上，提出了三种改进博弈交叉效率评价方法，改进方法使用正则限制条件有利于对决策单元在同一权重空间中进行比较，对所有决策单元进行限制能够全局区分所有决策单元，在一定程度上消除效率值不唯一情况，并且收敛速度有显著提高。本章首先简要介绍了博弈交叉效率方法，其次提出了改进的博弈交叉效率方法，最后通过数值例子比较了博弈交叉效率的唯一性和收敛性。

（一）博弈交叉效率评价方法

假定有 n 个决策单元，每个决策单元消耗 m 种投入，生产 s 种产出，对于第 j 个决策单元 DMU_j（$j = 1, 2, \cdots, n$），记其第 i 种投入和第 r 种产出分别为 x_{ij}（$i = 1, 2, \cdots, m$）和 y_{rj}（$r = 1, 2, \cdots, s$）。对于被评价的第 d 个决策单元 DMU_d，在 CCR 模型下的相对效率 E_{dd} 可以通过求解下面的线性规划问题得到：

$$\max \sum_{r=1}^{s} \mu_{rd} y_{rd} = E_{dd}$$

$$\text{s. t.} \begin{cases} \sum_{i=1}^{m} \nu_{id} x_{id} = 1 \\ \sum_{i=1}^{m} \nu_{id} x_{ij} - \sum_{r=1}^{s} \mu_{rd} y_{rj} \geqslant 0, \quad j = 1, 2, \cdots, n \\ \mu_{rd}, \ \nu_{id} \geqslant 0, \quad i = 1, 2, \cdots, m, \ r = 1, 2, \cdots, s \end{cases} \tag{5.1}$$

对于每一个被评价的 DMU_j，模型（5.1）的最优权重为（ν_{rj}^*，μ_{rj}^*），利用模型（5.1）中 DMU_d 的最优权重定义 DMU_j 的交叉效率如下：

$$E_{dj} = \frac{\sum_{r=1}^{s} \mu_{rd}^* y_{rj}}{\sum_{i=1}^{m} \nu_{id}^* x_{ij}}, \quad d, \ j = 1, 2, \cdots, n \tag{5.2}$$

对于 DMU_j，所有 E_{dj} 的（平均）交叉效率均值为：

$$\overline{E_j} = \frac{1}{n} \sum_{d=1}^{n} E_{dj} \tag{5.3}$$

模型（5.1）的最优权重可能不唯一，使得式（5.2）所得效率值可能不唯一，为了解决这一问题，Doyle 和 Green[117] 提出了基于二次目标的交叉效率方法，如经典的激进型策略和仁慈型策略：

$$\min \ (\max) \sum_{r=1}^{s} \mu_{rd} \left(\sum_{j=1, j \neq d}^{n} y_{rj} \right)$$

$$\text{s. t.} \begin{cases} \sum_{i=1}^{m} \nu_{id} x_{ij} - \sum_{r=1}^{s} \mu_{rd} y_{rj} \geqslant 0, \quad j = 1, 2, \cdots, n \\ \sum_{i=1}^{m} \nu_{id} \left(\sum_{j=1, j \neq d}^{n} x_{ij} \right) = 1 \\ \sum_{r=1}^{s} \mu_{rd} y_{rd} - E_{dd} \sum_{i=1}^{s} \nu_{id} x_{id} = 0 \\ \mu_{rd}, \ \nu_{id} \geqslant 0, \quad r = 1, 2, \cdots, s, \ i = 1, 2, \cdots, m \end{cases}$$

激进型策略和仁慈型策略的约束条件完全相同，但是对目标函数的限制不同。当取 min 限制时为激进型策略，表示在保证最优决策单元自评效率 E_{dd} 不变下选择最小化其余决策单元平均效率的权重。相反，取 max 限制时为仁慈型策略，表示在保证自评效率不变下尽可能最大化其他决策单元平均效率的权重。如前所述，这两种策略并不能彻底解决交叉效率不唯一问题，而且这两种策略如何选择也没有客观的标准。

在实际应用中，资源的稀缺性使得投入和产出会受到诸多限制，在交叉效率评价中，最优权重的不唯一性导致最终评价结果会受到投入产出数据的影响。为解决这一问题，Liang 等[123] 提出的博弈交叉效率方法可以解决最优权重不唯一时选择上的困境。该方法的思想是让 DMU_j 在 DMU_d 效率值不降低的情况下将其效率值最大化，定义 DMU_j 相对于 DMU_d 的博弈交叉效率值：

$$\alpha_{dj} = \frac{\sum_{r=1}^{s} \mu_{rj}^{d} y_{rj}}{\sum_{i=1}^{m} \nu_{ij}^{d} x_{ij}}, \quad d = 1, 2, \cdots, n \tag{5.4}$$

其中 μ_{rj}^{d} 和 ν_{rj}^{d} 是模型（5.1）的可行权重。为计算模型（5.4）中的博弈交叉效率，对于每一个 DMU_j，求解下述线性规划问题：

$$\max \sum_{r=1}^{s} \mu_{rj}^{d} y_{rj}$$

$$\text{s. t.} \begin{cases} \sum_{i=1}^{m} \nu_{ij}^{d} x_{ij} = 1 \\ \sum_{i=1}^{m} \nu_{ij}^{d} x_{il} - \sum_{r=1}^{s} \mu_{rj}^{d} y_{rl} \geq 0, \quad l = 1, 2, \cdots, n \\ \alpha_d \times \sum_{i=1}^{m} \nu_{ij}^{d} x_{id} - \sum_{r=1}^{s} \mu_{rj}^{d} y_{rd} \leq 0 \\ \mu_{rj}^{d}, \nu_{ij} \geq 0, \quad i = 1, 2, \cdots, m, \quad r = 1, 2, \cdots, s \end{cases} \tag{5.5}$$

其中 $\alpha_d \leq 1$ 是一个参数，初值取 DMU_d 的平均交叉效率值，当算法收敛时 α_d 即为最优博弈交叉效率值。若 $\mu_{rj}^{d*}(\alpha_d)$ 是模型（5.5）的最优解，对于每个 DMU_j，（平均）博弈交叉效率值定义为：

$$\alpha_j = \frac{1}{n} \sum_{d=1}^{n} \sum_{r=1}^{s} \mu_{rj}^{d*}(\alpha_d) y_{rj}$$

模型（5.5）的效率值仅对有效的决策单元进行限制，对非有效的决策单元并没有施加限制，最终效率值也不在同一权重空间中获得，这不利于对决策单元进行区分，也不能保证效率值的唯一性，并且效率值所依赖迭代算法的收敛速度随着决策单元的增加而减弱。本书通过引入正则限制和对所有决策单元施加限制下提出了三种能全局区分的改进博弈交叉效率方法，改进方法有利于在相同的权重空间中对决策单元进行比较，对所有决策单元的区分效果较高，收敛速度有明显提升，在一定程度上可改善博弈交叉效率值不唯一的缺陷。

（二）改进的博弈交叉效率评价方法及其算法

1. 改进博弈交叉效率评价方法 I

$$\max \sum_{r=1}^{s} \mu_{rj}^{d}(\sum_{j=1}^{n} y_{rj})$$

$$\text{s.t.} \begin{cases} \sum_{i=1}^{m} \nu_{ij}^{d}(\sum_{j=1}^{n} x_{ij}) + \sum_{r=1}^{s} \mu_{rj}^{d}(\sum_{j=1}^{n} y_{rj}) = n \\ \sum_{i=1}^{m} \nu_{ij}^{d} x_{il} - \sum_{r=1}^{s} \mu_{rj}^{d} y_{rl} \geqslant 0, \ l = 1, 2, \cdots, n \\ \alpha_d \sum_{i=1}^{m} \nu_{ij}^{d} x_{id} - \sum_{r=1}^{s} \mu_{rj}^{d} y_{rd} \leqslant 0 \\ \mu_{rj}^{d}, \ \nu_{ij} \geqslant 0, \ i = 1, 2, \cdots, m, \ r = 1, 2, \cdots, s \end{cases} \quad (5.6)$$

其中 α_d 是参数，模型（5.5）中的限制条件随不同的决策单元而变化，模型（5.6）使用了对所有决策单元都一致的正则限制条件，使用该限制有三大优点：①避免最优权重为零的情形；②相同的限制条件有利于在同样的权重空间中比较不同决策单元，从而可以对所有决策单元进行区分；③可有效改善博弈交叉效率的收敛速度。

2. 改进博弈交叉效率评价方法 II

$$\max \sum_{r=1}^{s} \mu_{rj}^{d} y_{rj}$$

$$\text{s. t.}\begin{cases} \sum_{i=1}^{m} \nu_{ij}^{d} x_{ij} = 1 \\ \alpha_l \sum_{i=1}^{m} \nu_{ij}^{d} x_{il} - \sum_{r=1}^{s} \mu_{rj}^{d} y_{rl} \geqslant 0,\ l = 1,\ 2,\ \cdots,\ n,\ l \neq d \\ \alpha_d \sum_{i=1}^{m} \nu_{ij}^{d} x_{id} - \sum_{r=1}^{s} \mu_{rj}^{d} y_{rd} \leqslant 0 \\ \mu_{rj}^{d},\ \nu_{ij} \geqslant 0,\ i = 1,\ 2,\ \cdots,\ m,\ r = 1,\ 2,\ \cdots,\ s \end{cases} \tag{5.7}$$

其中 $\alpha_l \leqslant 1$（$l = 1,\ 2,\ \cdots,\ n$），模型（5.7）与模型（5.5）的不同之处在于模型（5.7）对非有效的决策单元也进行了限制，有效决策单元的效率值不低于给定值 α_d 的情况下最大化 DMU_j 的效率值，令非有效 DMU 的效率值不高于给定值 α_l，提高了效率结果的区分能力。

3. 改进博弈交叉效率评价方法 III

$$\max \sum_{r=1}^{s} \mu_{rj}^{d} \Big(\sum_{j=1}^{n} y_{rj} \Big)$$

$$\text{s. t.}\begin{cases} \sum_{i=1}^{m} \nu_{ij}^{d} \Big(\sum_{j=1}^{n} x_{ij} \Big) + \sum_{r=1}^{s} \mu_{rj}^{d} \Big(\sum_{j=1}^{n} y_{rj} \Big) = n \\ \alpha_l \sum_{i=1}^{m} \nu_{ij}^{d} x_{il} - \sum_{r=1}^{s} \mu_{rj}^{d} y_{rl} \geqslant 0,\ l = 1,\ 2,\ \cdots,\ n,\ l \neq d \\ \alpha_d \sum_{i=1}^{m} \nu_{ij}^{d} x_{id} - \sum_{r=1}^{s} \mu_{rj}^{d} y_{rd} \leqslant 0 \\ \mu_{rj}^{d},\ \nu_{ij} \geqslant 0,\ i = 1,\ 2,\ \cdots,\ m,\ r = 1,\ 2,\ \cdots s \end{cases} \tag{5.8}$$

模型（5.8）同时使用了模型（5.6）和模型（5.7）中的两个限制条件，有利于全局区分的同时也在一定程度上消除效率值不唯一问题，并且改善了收敛速度。

4. 改进的博弈交叉效率评价方法迭代算法

算法的思想如下：取传统的平均交叉效率为初值，对于 DMU_j（相对于每个 DMU_d），求解模型（5.6）、模型（5.7）、模型（5.8），将得到的效率值作为新的 α_j，对每个 DMU_d 重复上述过程，当接连两次所得 α_j 的差值小于某个给定正数时（本书取 $\varepsilon = 10^{-7}$）算法终止。具体算法如下：

S1：计算交叉效率。当 $t=1$ 时，$\alpha_j = \alpha_j^1 = \overline{E}_j$。

S2：解模型（5.6）、模型（5.7）、模型（5.8），令 $\alpha_j^{t+1} = \dfrac{1}{n}\sum\limits_{d=1}^{n}\sum\limits_{r=1}^{s}\mu_{rj}^{d*}(\alpha_j^t)\, y_{rj}$，

$t=2$，3，$\cdots$，其中 $\mu_{rj}^{d*}(\alpha_j^t)$ 表示 $\alpha_j = \alpha_j^t$ 时，模型（5.6）、模型（5.7）、模型（5.8）中 μ_{rj}^d 的最优值。

S3：对于给定 $\varepsilon>0$，若 $|\alpha_j^{t+1}-\alpha_j^t|\geqslant\varepsilon$，令 $\alpha_j=\alpha_j^{t+1}$ 并返回第二步；若 $|\alpha_j^{t+1}-\alpha_j^t|\leqslant\varepsilon$，则终止算法，$\alpha_j^{t+1}$ 即为最终的平均博弈交叉效率。

三、博弈交叉效率唯一性和收敛性对比

本节用经典实例说明博弈交叉效率评价方法（5.5）所得的效率结果不唯一，并与本书三种改进博弈交叉效率评价模型的收敛性做了对比。Sexton、Silkman 和 Hogan[116] 考虑了六个护理之家的实例，原始数据和投入产出变量见该文献。表 5.1 后四列的模型（5.5）表示博弈交叉效率及排序，模型（5.6）、模型（5.7）、模型（5.8）分别表示本书提出的改进的博弈交叉效率方法（Ⅰ~Ⅲ）及排序结果。

从表 5.1 可以看出，模型（5.5）所得的博弈交叉效率值无法区分决策单元 A 和 D，即博弈交叉效率评价方法并不能保证结果的唯一性。模型（5.6）加入的正则限制条件可以保证在共同的权重空间中对交叉效率求平均，有利于全局区分所有决策单元，而且在收敛速度上更有优势，这是本书模型对博弈交叉效率评价模型的一个改进之处。由于模型（5.6）并未对所有 DMU 进行限制，故效率值亦未能保证唯一。模型（5.7）在限制条件中加入了对非有效决策单元的限制，比只对有效单元进行限制更加接近真实情况，且消除了效率值不唯一的问题。模型（5.8）既对非有效单元进行限制，还加入了正则条件限制，接近于真实情况，有利于不同决策单元间的比较，而且在迭代收敛上比模型（5.5）和模型（5.7）速度更快。从全局区分程度来看，模型（5.7）、模型（5.8）的区分功效要比模

型（5.6）强；从简化计算角度来看，模型（5.6）、模型（5.7）要优于模型（5.8）；从收敛速度来看，加入正则限制的模型（5.6）和模型（5.8）的收敛速度最快，模型（5.5）次之，模型（5.7）最差（博弈交叉效率方法的收敛性的结论如图 5.1 所示）。综合来看，模型（5.8）得到的效率值在区分度和收敛性上都有较好的表现。

表 5.1　博弈交叉效率及其排序比较

DMU	模型（5.5）	模型（5.6）	模型（5.7）	模型（5.8）
A	1.0000（1）	1.0000（1）	0.7401（3）	0.7464（3）
B	0.9869（3）	1.0000（1）	0.7042（5）	0.6990（5）
C	0.9222（5）	0.8295（6）	0.7235（4）	0.7378（4）
D	1.0000（1）	1.0000（1）	0.8003（1）	0.8015（1）
E	0.9766（4）	0.9775（4）	0.7717（2）	0.7726（2）
F	0.8615（6）	0.8675（5）	0.6417（6）	0.6403（6）

由于本书提出的方法和博弈交叉效率评价方法相比差别在于决策单元目标效率的限制上，对于不同限制条件改进的博弈效率方法产生了不同的结果，这表明对每个决策单元设置一个合适且真实的目标效率限制对博弈交叉效率评价方法至关重要。本书设置不同决策单元间的初始效率为交叉效率，每次新的目标效率值既对非有效单元进行限制，也对有效单元进行了限制，并且采用了所有单元相同的正则条件限制，使得评价结果更客观且区分功效更好。

图 5.1 中横轴表示迭代次数，纵轴表示博弈交叉效率值。从收敛速度来看，加入了正则限制条件的模型（5.6）和模型（5.8）的收敛速度最快，在迭代 3~4 次后就已经收敛，模型（5.5）的收敛速度居中，迭代 13 次后收敛，模型（5.7）的收敛速度最差，迭代 39 次后收敛。和模型（5.5）相比，模型（5.7）收敛速度慢的原因在于比模型（5.5）施加了更多限制条件。模型（5.5）和模型（5.7）的多次迭代博弈交叉效率值差异较小，在图中近似为一条水平直线，但是直到 13 次和 39 次之前并未收敛。

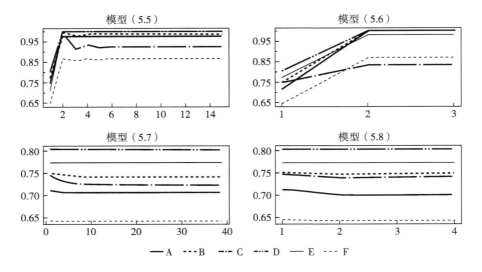

图 5.1　博弈交叉效率收敛

四、变量选取和数据来源

　　为了研究不同运营方式和管理方式下城市公共交通绩效评价结果，考虑到结果的可比性，本节在变量选择中并没有加入其他新的投入和产出变量，而是采用了和第四章第四节相同的投入产出指标。使用改进的博弈交叉效率评价方法时本章假设各个城市在选择最优权重时存在博弈，既要考虑自己，还要考虑其他决策单元的利益。

　　本书用城市辖区人口做平均，计算得到了人均运营线路长度、万人拥有公交车数量、人均道路面积为投入指标，用年客运总量除以市辖区人口得到了人均出行次数为产出指标。本书选择了人口规模适中的 19 个城市在 2009~2014 年的城市公共交通面板数据，数据来源于《中国第三产业统计年鉴》和《中国城市统计年鉴》以及各城市公交系统网站的公开数据，数据截止到 2015 年。

五、城市公共交通博弈交叉效率分析

本章基于改进的博弈交叉效率评价方法分析不同运营模式是否对城市公共交通服务效率有影响，回答何种运营模式下的效率结果更好的问题。和前一章一致，我们要验证如下两个假设：

假设 A：市场导向的多元化运营服务效率要高于政府导向的垄断化和混合化运营的服务效率；

假设 B：一城一交管理方式下的服务效率未必比其他管理方式高。

由于改进的博弈交叉效率评价方法的使用前提与第四章的 SE-DEA-Gini 评价方法不同，故所得的效率结果及排序结果并不会完全相同。在本节中，我们利用改进方法对 19 个城市的公共交通服务效率进行了评价，实证分析结果基于改进的博弈交叉效率评价方法得出。

（一）整体角度

本小节基于改进的博弈交叉效率评价方法对 19 个城市 2009~2014 年的公共交通服务效率进行评价，得到了改进的博弈交叉效率评价结果，如表 5.2 所示。

表 5.2　2009~2014 年城市公共交通博弈交叉效率

城市	2009 年	2010 年	2011 年	2012 年	2013 年	2014 年	均值
太原	0.7845	0.7077	0.7799	0.9108	0.8212	0.6443	0.7747（11）
沈阳	0.8669	0.9064	0.8985	0.9627	0.8637	0.7633	0.8769（5）
大连	0.8402	0.8291	0.9189	0.9451	0.9316	0.9183	0.8972（3）
长春	0.6609	0.5787	0.5435	0.6032	0.6219	0.6112	0.6032（19）
哈尔滨	0.9358	0.8838	0.8887	0.9115	0.8571	0.9062	0.8972（4）
杭州	0.6696	0.6246	0.6379	0.6250	0.5932	0.5963	0.6244（18）

续表

城市	2009 年	2010 年	2011 年	2012 年	2013 年	2014 年	均值
合肥	0.9071	0.8833	0.8478	0.8696	0.7736	0.6680	0.8249（7）
厦门	0.9197	0.6925	0.7951	0.8035	0.8276	0.7596	0.7997（10）
南昌	0.8318	0.7595	0.7798	0.7066	0.6847	0.6892	0.7419（13）
济南	0.6931	0.7918	0.7882	0.8166	0.6846	0.5756	0.7250（14）
青岛	0.6873	0.7633	0.7067	0.6643	0.7250	0.5902	0.6895（15）
武汉	0.8556	0.8401	0.8402	0.8337	0.8299	0.7383	0.8230（8）
长沙	0.8423	0.7432	0.7894	0.8525	0.7560	0.6630	0.7744（12）
南宁	0.7465	0.7867	0.9256	0.9357	0.8084	0.6353	0.8064（9）
成都	0.6382	0.6719	0.6680	0.7043	0.6556	0.7388	0.6795（16）
贵阳	0.9784	0.9855	0.9745	0.9577	0.9963	0.9207	0.9688（1）
昆明	0.6582	0.8070	0.7056	0.5945	0.5566	0.4548	0.6294（17）
西安	0.9373	0.9326	0.9565	0.9852	0.9360	0.9700	0.9529（2）
乌鲁木齐	0.8096	0.7639	0.8203	0.9033	0.9605	0.9000	0.8596（6）

从效率均值来看，2009~2014 年效率均值大于 0.8 小于 1 的城市有 9 个，效率均值小于 0.8 的城市有 10 个，没有城市效率均值达到 1。处于相对有效水平的城市由高到低依次是贵阳、西安、大连、哈尔滨、沈阳、乌鲁木齐、合肥、武汉和南宁，处于低效水平的城市有 10 个。整体来看，只有贵阳、西安、大连和哈尔滨 4 个城市在 6 年间一直处于相对有效水平范围内，长春、杭州、昆明、成都、青岛和济南 6 个城市一直处于低效水平，其他 9 个城市在相对有效和低效之间变动。从趋势上来看，除长春、青岛、厦门、乌鲁木齐和贵阳外，其他 14 个城市的效率结果在 2013 年都有明显下降。

研究发现，2009~2014 年处于相对有效水平的城市数量最多有 13 个（2012 年），最少的有 5 个（2014 年），随着时间的推移，相对有效的城市越来越少，到 2014 年只有 5 个，也就是说，处于低效水平的城市达到了 14 个，这表明越来越多的城市变得低效，城市公共交通资源配置越来越没有效率。2014 年效率较差的原因与投入数据中的万人拥有公交车和人均道路面积在 2014 年增长较快，而产出水平却有较明显下降趋势有关。

2009~2014 年，19 个城市公共交通服务效率最大值为 0.9963，最小值仅为 0.4548，表明 19 个城市公共交通服务效率差异巨大。从 2014 年效率结果来看（其他年份可参照分析，本书从略），仅西安、贵阳、大连、哈尔滨和乌鲁木齐 5 个城市的效率在 0.8 和 1 之间，占所有城市的 26%。西安的效率值为 0.9700，表明西安在公共交通资源投入、利用率和规模上都达到了有效水平。同时，14 个城市的效率值低于 0.8，昆明 2014 年的效率仅为 0.4548，济南、青岛和杭州效率值甚至不到 0.6，原因之一在于这些城市在公共交通建设上投入力度过大，而忽视了提高产出水平，导致效率值偏低。其他相对有效的城市在服务和投入产出规模上没有达到最佳，考虑这些城市间投入水平差距不明显，积极调整公共交通投入，优化资源配置，提高公交服务利用率是今后重点的改进方向。

将城市按照企业运营方式分类，得到 2009~2014 年不同运营方式下的效率均值折线图，如图 5.2 所示。

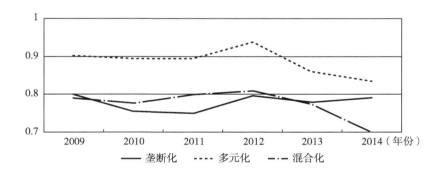

图 5.2　2009~2014 年不同运营方式下效率均值

从图 5.2 中不难发现，2009~2014 年，多元化运营方式下的城市效率要高于其他两种运营方式下的效率，而垄断化和混合化互有优劣。2010~2012 年，垄断化运营方式的效率要好于混合化，其他年份则正好相反。从效率均值来看，采用多元化运营的城市效率要明显优于其他两种方式，多元化效率均值多在 0.9 附近，而其他两种运营方式效率值要明显低于 0.8。

因此，假设 A 获得验证。由此我们得到如下结论：采用市场导向的多元化运营方式下的效率结果高于政府主导的垄断化和混合化运营方式。

2009~2014 年不同管理方式下的城市公共交通服务效率均值折线图如图 5.3 所示。不难发现，2009~2014 年，采用一体化管理方式的城市效率最好，2011 年和 2012 年，交叉管理方式下的效率高于一城一交管理方式，其他年份上，一城一交管理方式要优于交叉管理方式。

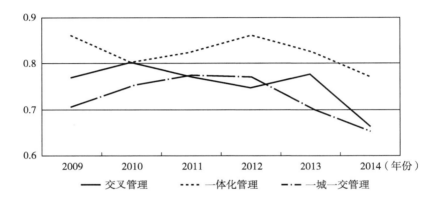

图 5.3　2009~2014 年不同管理方式下效率均值

因此，假设 B 获得验证。由此我们得到如下结论：一城一交管理方式下的服务效率未必比其他管理方式高。从图 5.3 中不难看出，采用一体化管理方式的城市效率要高于其他管理方式，交叉管理和一城一交管理方式互有高低。

（二）运营模式角度

前文分析了不同运营模式之间的差异，接下来本书对同一运营模式内部的不同城市公共交通服务效率结果进行分析。

1. 企业运营方式

先从运营方式来看，垄断化运营的城市有 15 个，多元化运营的城市有 2 个，混合化运营的城市有 2 个，分别以这些城市为决策单元，利用改进的博弈交叉效率评价模型得出这些城市在垄断化运营、多元化运营和混合化运营方式下的 2009~2014 年的改进的博弈交叉效率，结果如表 5.3、表 5.4、表 5.5 所示。

表5.3　2009~2014年垄断化运营方式下城市公共交通博弈交叉效率

城市	2009 年	2010 年	2011 年	2012 年	2013 年	2014 年	均值
太原	0.7666	0.6993	0.7846	0.9565	0.8145	0.6659	0.7812
大连	0.8298	0.8380	0.9237	0.9670	0.9202	0.9555	0.9057
杭州	0.6621	0.5908	0.6425	0.6614	0.5953	0.6195	0.6286
合肥	0.8892	0.9051	0.8515	0.8998	0.7601	0.6913	0.8328
厦门	0.9003	0.6579	0.8004	0.8488	0.8294	0.7885	0.8042
南昌	0.8199	0.7403	0.7850	0.7403	0.6817	0.7133	0.7467
济南	0.6768	0.8141	0.7922	0.8554	0.6790	0.5958	0.7356
青岛	0.6724	0.7769	0.7104	0.6890	0.7135	0.6092	0.6952
武汉	0.8454	0.8126	0.8447	0.8627	0.8215	0.7658	0.8254
长沙	0.8278	0.7478	0.7938	0.8871	0.7510	0.6904	0.7830
南宁	0.7338	0.7506	0.9305	0.9735	0.8014	0.6574	0.8079
成都	0.6300	0.6673	0.6717	0.7238	0.6492	0.7716	0.6856
贵阳	0.9714	0.9782	0.9809	0.9975	0.9962	0.9546	0.9798
昆明	0.6499	0.7738	0.7116	0.6455	0.5617	0.4697	0.6354
乌鲁木齐	0.8039	0.7689	0.8255	0.9186	0.9497	0.9395	0.8677

从 2009~2014 年垄断化运营方式下的效率均值来看（见表5.3），处于相对有效水平的城市有贵阳、大连、乌鲁木齐、合肥、武汉、南宁和厦门，不到城市总数的一半，剩下的 9 个城市处于低效水平。2009~2014 年，处于相对有效水平的城市数量最多的年份是 2012 年（10 个），最少的年份有 3 个（2014 年），2012 年处于相对有效的城市数量最多，占到城市总数的 2/3，表明 2012 年垄断化运营方式下的城市公共交通投入和产出相匹配，2012 年后，尤其是 2014 年，从前面的描述性统计分析知道，各城市加大对公共交通基础建设的投入力度，导致相对有效水平的城市数量有较明显的增长。2009~2014 年，只有贵阳的效率值在 0.8~1，表明贵阳在数据期间内对公共交通服务的投入和产出均达到了最佳配置水平。大连除 2009 年和 2010 年外，其他 4 年效率值也都在 0.8~1，表明大连在投入产出上达到了次佳。大连和乌鲁木齐在 2011~2014 年之后也处于相对有效水平。

2009~2014 年，昆明在 2014 年的效率值最小，仅为 0.4697，其他年份的效率值也都处于低效区间内，表明昆明在数据期间内在公共交通服务的投入和产出不匹配，需要优化公共交通内部结构，提高资源利用率，扩大产出规模。贵阳在2012年的效率结果为0.9975，其他年份效率值也较大，说明贵阳在公共交通投入和产出上的匹配程度最高，投入资源的配置和利用达到最佳水平。

2009~2014年，采用多元化运营方式的城市有沈阳和哈尔滨，这2个城市的效率结果如表5.4所示。我们发现相比于沈阳来说，哈尔滨的效率处于高效水平，2009~2014年的效率值达到1，表明采用多元化运营方式的哈尔滨对公共交通投入产出规模匹配程度最高，投入资源和利用率达到了最佳。沈阳在2009~2014年均处于相对有效水平，表明沈阳在公共交通投入产出规模上还有提升的空间。

表5.4　2009~2014年多元化运营方式下城市公共交通博弈交叉效率

城市	2009年	2010年	2011年	2012年	2013年	2014年	均值
沈阳	0.9483	0.9806	0.9883	0.9935	0.9889	0.9686	0.9780
哈尔滨	1.0000	1.0000	1.0000	1.0000	1.0000	1.0000	1.0000

2009~2014年，采用多元化运营方式的城市有长春和西安，西安在数据期间内效率结果都等于1（见表5.5），处于高效水平，表明和长春相比西安的投入产出规模匹配，投入资源和利用率达到了最佳。相比而言，长春在数据期间的效率值在0.8以下，处于低效区间，表明长春的公共交通资源配置和利用还远没达到最佳，需要继续优化公共交通资源，提高产出水平。

表5.5　2009~2014年混合化运营方式下城市公共交通博弈交叉效率

城市	2009年	2010年	2011年	2012年	2013年	2014年	均值
长春	0.7258	0.6347	0.6274	0.6645	0.7231	0.7430	0.6864
西安	1.0000	1.0000	1.0000	1.0000	1.0000	1.0000	1.0000

2. 政府管理方式

从管理方式来看，采用交叉管理方式的城市有6个，一体化管理的城市有11

个，一城一交管理的城市有 2 个，分别以这些城市为决策单元，利用改进的博弈交叉效率评价模型得出这些城市在不同管理方式下 2009~2014 年改进的博弈交叉效率，结果如表 5.6、表 5.7 和表 5.8 所示。

表 5.6 给出了 2009~2014 年交叉管理方式下的改进的博弈交叉效率均值。

表 5.6　2009~2014 年交叉管理方式下城市公共交通博弈交叉效率

城市	2009 年	2010 年	2011 年	2012 年	2013 年	2014 年	均值
大连	0.9945	0.8888	0.9819	0.9810	0.9894	0.9957	0.9719
杭州	0.8534	0.8077	0.7995	0.8541	0.8511	0.8446	0.8351
济南	0.7297	0.7610	0.7931	0.6439	0.6184	0.7039	0.7083
南宁	0.8549	0.9862	0.9655	0.8254	0.7837	0.7400	0.8593
成都	0.7697	0.7472	0.7309	0.7601	0.7818	0.7994	0.7648
昆明	0.8831	0.9964	0.9744	0.9111	0.8359	0.6773	0.8797

从均值来看，大连、昆明、南宁和杭州处于相对有效水平，济南和成都处于低效水平。从处于高效水平的城市数量来看，2009 年、2010 年和 2012 年数量最多（4 个），2011 年和 2013 年有 3 个，2014 年最少（2 个），可以看出交叉管理方式下相对有效的城市在逐年减少。分城市来看，大连在数据期间内一直处于相对有效水平，而成都和济南在数据期间内一直处于低效水平，考虑到济南的各项产出没有明显优势，济南要想提升公共交通效率水平必须改善公共交通产出水平。同样，成都的公共交通资源配置也不理想，投入产出规模远未达到最佳。杭州除 2011 年外，其他年份都处于相对有效区间，表明杭州的投入和产出规模相适应。昆明在 2013 年之前都处于相对有效水平，但 2014 年的效率值较低，仅为 0.6773，这和昆明 2014 年加大对公共交通运营线路的投入而产出并没有明显提升有较大关系。

2009~2014 年，采用一体化管理方式的城市有 11 个，其中有 6 个城市的效率在 0.8~1（见表 5.7），处于相对有效水平，其余 5 个城市处于低效水平。

表 5.7　2009~2014 年一体化管理方式下城市公共交通博弈交叉效率

城市	2009 年	2010 年	2011 年	2012 年	2013 年	2014 年	均值
太原	0.7869	0.6631	0.7505	0.8789	0.8435	0.6656	0.7648
沈阳	0.8721	0.8868	0.9154	0.9514	0.8999	0.7935	0.8865
长春	0.6622	0.5720	0.5391	0.5834	0.6419	0.6363	0.6058
哈尔滨	0.9419	0.8959	0.9124	0.9127	0.8760	0.9192	0.9097
合肥	0.9211	0.8530	0.8550	0.8542	0.8101	0.6929	0.8311
厦门	0.9168	0.6351	0.7739	0.7713	0.8293	0.7687	0.7825
南昌	0.8291	0.7369	0.7571	0.6869	0.6952	0.7063	0.7352
长沙	0.8461	0.7292	0.7920	0.8338	0.7686	0.6749	0.7741
贵阳	0.9844	0.9888	0.9719	0.9413	0.9994	0.9376	0.9706
西安	0.9482	0.9379	0.9747	0.9871	0.9605	0.9912	0.9666
乌鲁木齐	0.8146	0.7797	0.8258	0.9202	0.9846	0.9097	0.8724

2009~2014 年，处于相对有效的城市数量最多有 9 个（2009 年），其次是 2012 年和 2013 年的 8 个，最少有 4 个（2014 年），相对有效的城市有减少的趋势，尤其以 2014 年减少最为严重，这和前面分析的 2014 年投入增加而产出减小有直接关系。具体来看城市情况，西安、贵阳和哈尔滨 3 个城市在数据期间内一直处于相对有效水平，相对于其他城市来看，这 3 个城市的公共交通资源配置较为合理，利用率高，投入产出规模较为理想。长春一直处于低效区间，意味着长春 2009~2014 年在公共交通资源配置和利用方面都处于较低水平，在投入产出规模上还有很大的提升空间。除此之外，沈阳（2009~2013 年）、合肥（2009~2013 年）、厦门（2009 年和 2013 年）、南昌（2009 年）、长沙（2009 年）、乌鲁木齐（除 2010 年外）都处于相对有效水平，其他年份为低效水平，意味着这些城市的投入产出规模还可以进一步改善。

表 5.8 给出了一城一交管理模式下的城市公共交通效率结果。武汉在 2009~2014 年相对于青岛来说一直处于高效水平，表示武汉在公共交通资源配置和利用上达到了最佳，投入产出规模最匹配。青岛除 2011 年和 2012 年外，其他年份处于相对有效水平。

表 5.8 2009~2014 年一城一交管理方式下城市公共交通博弈交叉效率

城市	2009 年	2010 年	2011 年	2012 年	2013 年	2014 年	均值
青岛	0.8403	0.9174	0.7919	0.7572	0.8468	0.8757	0.8382
武汉	1.0000	1.0000	1.0000	1.0000	1.0000	1.0000	1.0000

从本章研究结果可以看出，不同运营模式的选择会对城市公共交通评价结果产生影响，多元化运营方式下的效率要高于垄断化和混合化运营方式，一城一交管理方式下的服务效率未必比其他管理方式高。对于具体城市而言，要提高公交服务效率，改善公共交通系统服务水平需要优化公共交通资源配置，提高资源利用率。不能依靠加大公共交通投资规模来提升效率水平，从长远来看要吸引居民公交出行，优化资源配置，提高利用率是关键。城市公共交通管理部门和运营企业要从内外部条件和实际环境出发，优化产业结构，发展规模经济，深化产权制度改革，将市场化竞争逐步引入公共交通运营之中，运用现代化管理手段，通过推行绩效考核制度，建立行之有效的激励机制。

六、本章小结

本章提出了基于改进的博弈交叉效率评价方法，该方法能在一定程度上消除最终效率不唯一的情形，迭代算法的收敛速度有显著提高。利用该方法对我国19 个城市 2009~2014 年的公共交通面板数据进行了实证分析，从整体角度和不同运营模式角度得出了城市公共交通服务效率的差异，得到了两个结论，即多元化运营方式下的效率要高于垄断化和混合化运营方式；一城一交管理方式下的服务效率未必比其他管理方式高。

第六章 城市公共交通绩效结果分析及对策建议

本章分析了城市公共交通绩效结果，并有针对性地提出了对策建议。内容安排如下：第一节分析了城市公共交通绩效结果，得出城市公共交通绩效评价结果偏低，不同运营方式和管理方式会影响城市公共交通绩效评价结果，市场导向的多元化运营方式的效率要高于政府导向的垄断化和混合化运营，一体化管理方式下的城市公共交通绩效结果要优于其他两种管理方式。第二节提出了改善城市公共交通绩效的对策建议，要确保公交优先战略顺利实施，引入市场竞争建立高效的公共交通运营方式，制定权责明晰的城市公共交通管理方式。第三节对本章做了简要总结。

一、城市公共交通绩效结果分析

（一）公共交通绩效评价结果偏低

无论是从 SE-DEA-Gini 评价方法来看（见表 4.16），还是从改进博弈交叉效率评价方法所得结果来看（见表 5.2），我国城市公共交通的绩效评价结果并不高。2009～2014 年，利用 SE-DEA-Gini 评价方法得到的处于高效水平的城市有 9 个，利用改进的博弈交叉效率评价方法得到的处于相对有效水平的城市也只有 9 个（没有城市处于高效水平），不到城市总数的一半。究其原因，我们认为是两方面共同影响造成的。一方面，从 2009 年开始不断走高的汽油价格导致公交企业燃料能源费用增加，同时持续的通货膨胀导致公交运营企业的劳动力成本不断高企，双重压力导致企业的利润空间被不断蚕食，企业不能通过提高票价来弥补长期亏损，必然会导致公交服务质量的下降，包括降低服务热情、减少车辆维护和保养周期，员工薪酬低于平均水平，人员流失严重等，这些都会直接降低使用者的满意度，进而减少公共交通客运量，导致了绩效水平低下。另一方面，这七年间很多城市加快扩张步伐，必然会导致政府财政资金紧张，而公共交通优先发展并没有得到有效贯彻落实，在缺乏政府资金支持的情况下，公共交通道路资源、基础设施和运营车辆的正常需求无法满足，但是城市扩张必然要求企业增加投入，至少是运营车辆和新开线路等的投入增加，从而也会降低城市公交绩效。因此，面对日益增长的公共交通客运需求，运营企业不但无法弥补其亏损，同时又要投入资金开辟新线路和置换运营车辆，这两方面的因素叠加导致很多城市的绩效水平偏低。

（二）不同运营方式会影响公共交通绩效评价结果

为了比较不同运营方式是否对城市公共交通绩效评价结果产生影响，本书给出了不同运营方式下的城市绩效评价结果，得到了不同运营方式下基于 SE-DEA-Gini 方法和改进的博弈交叉效率评价方法的 2009～2014 年的城市公共交通绩效评价折线图，如图 6.1 所示。不难发现，无论是哪一种评价方法，市场导向的多元化运营方式的效率要高于政府导向的垄断化和混合化运营方式。

出现这种结果在于政府导向的垄断化和混合化运营下的公交运营企业的市场地位由政府保障，缺乏市场竞争，导致绩效结果最低。虽然基于图效率 SE-DEA-Gini 方法的实证分析表明垄断化比混合化效率要好一些，但是改进的博弈交叉效率方法并不支持这一结论。但从整体趋势来看，混合化运营的效率不及垄断化。

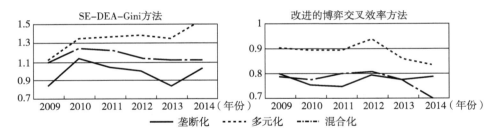

图 6.1 不同运营方式下的城市公共交通绩效评价结果

（三）不同管理方式会影响公共交通绩效评价结果

通过比较不同管理方式下的城市公共交通绩效评价结果，给出了基于 SE-DEA-Gini 方法和改进的博弈交叉效率方法下的 2009～2014 年城市公共交通绩效评价结果折线图，如图 6.2 所示。两种评价方法都表明：一体化管理方式下的城市公共交通绩效结果要优于其他两种管理方式，而一城一交管理方式和交叉管理方式下的效率互有优劣。也就是说，从本书的实证分析结果来看，一城一交管理方式未必是最优的管理方式选择。

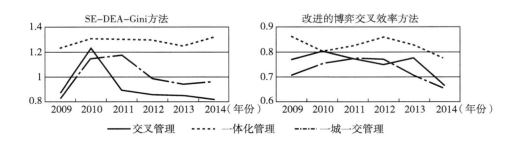

图 6.2 不同管理方式下的城市公共交通绩效评价结果

出现这种结果的原因不难理解，虽然一城一交管理方式通过建立公共交通管理委员会实现了城市公共交通的决策和执行权的统一，对城市公共交通的规划建设、管理运营、执行监督等职能实现了集中管理，但是对于人口规模适中的城市，管理权力的过度集中反而会降低效率。而将部分职权归并的一体化管理方式则是中等发展规模城市公共交通管理改革的首选。另外，实行一城一交管理方式改革的城市的效率甚至未必比原来的交叉管理方式高。

二、改善城市公共交通绩效的对策建议

为建立和完善高效、健康的城市公共交通系统，提高公共交通服务水平，为城市公交一体化发展塑造动力，根据本书分析结果，建议采取以下措施：

（一）确保公交优先战略的贯彻落实

城市公共交通的发展与城市经济、社会、文化可持续发展密切相关，如果把城市看成人体，那么城市公共交通道路就如同血管，公共交通相当于血液，城市通过公共交通将乘客运送到目的地。因此，要实现"人体"的健康通畅，必须让公共交通高效运转，对城市公共交通的供给满足公交需求，并且考虑到公共交通规划建设的前瞻性，公共交通的投入要适度超前于城市经济、社会、文化发展的步伐才能满足日益增长的出行需求。良好的城市公交系统对于城市的经济发展和社会稳定具有稳定作用，因此要实现城市公共交通高效运行，从理念和实践中确保公交优先战略的贯彻落实至关重要。

由于我国目前城市公共交通绩效评价结果偏低，要想充分实现城市公共交通高效运转，需要公共交通管理部门、公共交通运营企业和使用者三方面协调发展，管理部门要建立职责明晰的公共交通管理方式，在运营企业之间引入市场竞争，建立对城市公共交通的监督和评价机制，定期反馈公交服务满意度，促成良性循环。

（二）引入市场竞争，建立高效的公共交通运营方式

第一，引入市场竞争，打造公平的市场环境。改革开放以前，我国公共交通

运营企业多数是政企不分的，政府通过下设的公共交通管理机构对城市公交进行管理，公共交通运营企业只有很少的自主权。随着公交市场化改革的逐渐深入，民营企业开始进入了城市的公共交通行业，一些城市的公共交通企业出现了国有企业和民营企业并存的局面，虽然引入了市场竞争给城市公共交通行业带来了活力，但是由于公共交通服务具有准公共性，完全的市场竞争也会导致使用者福利的损失，所以各个城市虽然容许民营企业进入公交市场，但是为了防止竞争无序，加入了很多针对民营企业的限制条件，强化国有公共交通企业的主导地位，致使民营企业很难与国有企业展开公平、合理的竞争。有些城市的公共交通管理部门甚至会插手民营企业的经营管理，扰乱了公共交通市场秩序，严重背离了公共交通市场引入市场竞争的初衷。因此，要在城市公共交通行业内引入竞争机制，需要打造公平合理的市场环境，唯有如此才能从根本上改变公共交通市场缺乏竞争而引起的效率低下问题。

第二，超前规划建设，但要适度发展。在公交优先发展的大战略下，一些城市对公共交通基础设施投入过度，造成了人力、物力和财力的浪费。因此，有必要在城市公共交通行业引入竞争，让市场来决定开辟、分配、整合、运营线路，而不是公交管理部门单方面的增加投入或减少投入。让公交行业适度发展，既要适度超前发展，满足使用者的需求，又要减少浪费。

第三，要求公共交通企业满足公益性的同时，也需要保障企业的盈利性。如前所述，城市公共交通具有典型的社会公益特征，但是，企业还需要具有一定的盈利性。城市公共交通行业在市场化改革前实行国有企业运营，过分强调社会公益性，企业赚多赚少一个样，甚至赚与不赚也一样，所以企业没有盈利动力，最终给城市的财政支出带来巨大压力，而这种压力最终必然会以税负或其他形式转嫁给使用者，造成运营企业缺乏活力、管理者资金包袱沉重、使用者满意度下降的局面。公共交通市场化改革之后，为了激发公交企业的积极性，民营公交企业一度只强调盈利性，使公交企业之间展开恶性竞争，服务质量不断下降。所以，对社会公益性和盈利性要结合考虑，找准中间的平衡点，建立相应的激励政策。考虑到城市公共交通管理部门更加关注使用者的社会福利，可能在实际操作中必然会对社会公益性有所侧重，在注重社会公益性的前提下，保持长期微利运营不失为一个较为合理的选择。

第四，加强政策引导和财政扶持，鼓励竞争。公交企业是以线路为单位开展运营服务的，不同企业运营的线路不同，面临的使用者数量也不同，一味引入竞争只会让企业选择盈利能力强的线路，偏僻线路则会无人问津。如果公共交通行业中的企业都达到了规模经济，那么，在管理部门限定的票价水平下，没有企业有扩大线路的意愿，也就是说，此时，无论市场结构如何，企业也不会展开竞争。因而管理部门要加强政策引导，如制定公共交通特许经营权，制造进入门槛，让企业在为争夺线路经营权过程中不断降低成本。要保证公交市场竞争的可持续性，不仅要让公共交通企业为争夺线路经营权而展开竞争，同时也要控制企业的规模经济水平。虽然公交行业中的企业可以在市场竞争中达到规模经济，但并不表示所有公交企业都能达到规模经济，那些没有实现规模经济的公共交通企业可以通过降低成本来降低规模经济，或者通过经营扩张达到规模经济，这种做法可有效弥补因特许经营导致的竞争减弱问题。另外，管理部门要对企业的成本和收益进行准确测算，为开辟和运行偏僻线路的企业提供财政扶持。

（三）制定职责明晰的城市公共交通管理方式

2008 年以前，我国城市的公共交通行业中的一些至关重要的权力并不是由交通部门进行管理的，而是分属于建设、规划、市政等部门来管理，交通部门仅负责了城市道路交通中的道路运输监督和管理工作。虽然在 2008 年大部制改革之后，扩大了交通管理部门的权限，一些权力已然划归到交通部门，但交通管理部门依然是名不副实。在一些城市里，涉及公共交通的重要环节如线路规划、建设、调度、指挥等职责还是由城建、规划和公安等管理部门来控制。因此，在大多数城市里，交通部门拥有的仅是对城市公共交通运营企业的经营审批权和监督权，没能对公共交通企业的道路运行监管权进行控制，这在本质上仍然是职能交叉、权责不清，最终还是会导致政出多门、管理混乱、运行不畅等诸多困境。

所以，在公共交通的管理方式选择上需要保障公共交通管理部门的权责清晰，为保证公交优先战略的连续性和完整性打好基础。各个城市要因地制宜，选择和自己城市相匹配的管理方式，不建议城市直接采用管理权限集中的一城一交管理方式。无论选择哪一种管理方式，都要建立有效的沟通协调机制。总的来说，公共交通管理部门在以下五方面的职责需要事先确定。

第一，保障公共交通规划、管理、实施和监管部门各司其职，有效沟通。

从实证分析中不难发现，一体化管理下的城市公共交通服务效率最高。其他管理方式在未来公共交通供给跟不上需求时，交通管理部门对公共交通行业的管理权责不明晰问题将被放大，导致本应连续的公共交通规划、政策无法有效实施。即使交通部门出台有关激励公共交通企业的运营政策，但是权责不清的缺陷很可能使激励政策失灵。以很多城市广泛实施的公交优先战略来看，公交优先战略不仅要在公共交通投入上优先，还要在公共交通管理上优先。要明晰城市公共交通的规划、管理、实施和监管权责，建立有效的沟通协调机制，避免重复投资、低水平建设、政出多门等问题，带动城市公共交通的可持续优先发展。

第二，建立和完善特许经营权实施机制。

特许经营机制是指公共交通管理部门按照相关法律、法规通过市场竞争机制选择公共交通运营者，明确运营者在一定时期和一定范围内提供公共交通服务的制度。尽管我国一些城市很早就在公共交通领域实施了特许经营，但是在实施过程中遇到的政策朝令夕改、管理部门无故中断合同、无法按时发放财政补贴等问题让运营者遭受损失，导致早期的特许经营权制度没有达到预期效果。要想让特许经营权制度发挥应有的功效，公共交通管理部门不但要准确理解特许经营权制度，而且要严格执行条款所列的各项要求，在若干个运行周期内逐步健全完善特许经营权的实施机制。

第三，健全公共交通市场运营和公交优先的法律、法规建设。

没有规矩，不成方圆。要通过制定城市公共交通法律、法规体系来约束公共交通管理部门的权力，保障公交市场的高效运营。涉及城市公共交通行业发展的法律、法规、条例和办法不仅要包括一般性法律法规，还可以包括适应地区和城市发展的特殊规定。例如，北京出台公共汽电车客运服务规范、上海的公共汽车和电车客运线路经营权管理规定等，这些法律、法规和条例是管理部门实施管理的前提和依据。此外，城市公交优先战略也必须有法律、法规来保障。优先只是一种城市公交发展的理念，真正实现则是一个庞大的系统工程，这不是靠任何一个部门或者一个口号就能实现的，要依靠法律、法规体系来约束管理部门行为，真正做到公交优先战略的贯彻落实。另外，要保证城市公共交通法律、法规的一致性。城市可能出于历史原因存在多个关于公共交通运营的法律、法规和条例，但是科学合理的法律、法规体系之间是不应该存在矛盾的。然而，现实中法律、法规的相互矛盾现象是存在的，保证公共交通法律、法规的一致性任重而道远。既要弥补法律漏洞，避免条款冲突，出台适用于所有城市公共交通管理的法律（国家层面），又要制定适合自身城市发展需要的公共交通管理办法（城市层面）。

第四，建立科学合理的公共交通绩效评价制度。

高效通畅的管理方式离不开合理的绩效评价制度。目前，多数城市对公共交通的绩效评价还是以主观评价为主，缺乏科学、合理、客观和系统的评价指标体系和评价方法。建议可以从公共交通管理部门、运营者和使用者三者结合来制定绩效评价体系，管理部门通过制度监督企业行为，企业按照既定目标运营，使用者对企业和管理部门的行为进行评价、监督和反馈，最终使管理部门减轻财政压力、企业获得利润、使用者受益。

第五，建立公平、规范的财政补贴制度。

无论城市选择什么样的管理方式，政府发放的财政补贴都是必不可少的。财政补贴既能保证企业实现长期微利运营，又能为企业扩大规模、更新技术、提高服务水平提供激励。但是，我国多数城市公共交通行业存在着补贴不能按时到位的问题。由于管理部门会对公交行业的票价水平实行最高限价和特定人群的优惠政策，票价往往不能准确反映企业的运营成本，但是公交行业燃油成本和劳动力成本波动较大，在燃料价格和劳动力不断上涨时，如果管理部门不能及时给予补贴，企业就要自己承受经济损失，短期可能会造成公交行业人员薪资减少，服务质量下降，使用者满意度降低等现象，长期企业必然会退出公交市场。管理部门制定了固定的低票价来保证使用者福利，同时引入市场竞争来提高公交行业的服务水平，因此在企业亏损时要承担责任，必须给予企业一定的补贴（如燃油补贴、人工补贴、环保车辆购置补贴、公交场站土地征用等）来弥补亏损。另外，管理部门补贴不能及时到位的原因有二：一是在于缺乏公交企业经营绩效的评价体系，管理部门不能准确预测企业的亏损额，当然不会及时发放补贴。二是政府对公交优先发展战略没有落实到位，应允拨付的款项被其他更为重要的项目征用。因此，管理部门要准确了解公交企业的运营成本和收益，建立科学、完善和规范的补贴制度，通过对企业运营成本和运营收入的掌握来降低财政补贴成本，借此提高公共交通管理部门在财政补贴博弈中的主动地位。而要做到这一点，管理部门必须有独立并且专门的审计部门，对城市公交企业的账目进行定期与不定期审查，要求企业上报财务信息，一旦发现企业财务状况变化异常要查明原因，是成本上升造成的要及时发放补贴，是财务造假等问题则要对该类企业实施退出市场等严格规定。对于政府拨款不能及时发放问题，建议建立专款专用制度，年初制定财政预算时确定的款项必须按时拨付企业，严格执行。

三、本章小结

本章分析了不同运营方式和管理方式对城市公共交通绩效的影响，并给出了对策建议。我们发现，目前我国城市公共交通绩效评价结果并不高，不同运营方式和管理方式会影响城市公共交通绩效评价结果，市场导向的多元化运营方式的效率要高于政府导向的垄断化和混合化运营，一体化管理方式下的城市公共交通绩效结果要优于其他两种管理方式。因此，改善城市公共交通绩效的对策首先要在源头上确保对公交优先战略的贯彻和落实，选择适合城市自身特点的公共交通运营方式和管理方式，最终提高城市公共交通绩效结果，改善公共交通服务水平。

第七章　结论与展望

本章对本书做了总结，并展望了今后的研究方向。内容安排如下：第一节总结了本书的主要结论；第二节对今后的研究工作做了展望。

一、主要结论

本书对我国城市公共交通运营模式进行了梳理，总结了城市公交运营模式的特点，将运营模式按照企业运营方式和政府管理方式进行界定，介绍了城市公共交通运营模式的发展趋势。建立了基于图效率的 SE-DEA-Gini 评价方法和改进的博弈交叉效率评价方法，利用两种方法从不同运营方式和管理方式角度出发对我国 19 个主要城市的公共交通服务效率进行评价。对评价结果进行了分析，给出了对策建议。

（一）城市公共交通运营模式界定

1. 企业运营方式

我国城市公共交通基础设施由国家投资，运营方式大致可以分为三种：垄断化运营、多元化运营和混合化运营。政府导向的垄断化运营下，公交运营企业是由国家投资建立的国有企业，国有企业负责公交运营。垄断化运营下政府通过国有企业拥有城市公共交通服务的产权，由国有企业提供公交服务，政府的相关部门间接管理国有企业，这种方式下，国有企业的行为由政府的意志和利益决定。政府希望通过强有力控制保障城市居民的公共利益和公交市场的有序运营，这种方式具有规模优势。市场导向下的多元化运营方式通常考虑的目标是市场收益最大化，这种方式的最终形态是市场化运营方式，即城市公交服务完全民营化，公交服务完全由市场机制来运营，追求优胜劣汰，强调市场的竞争作用。当竞争者数量多时，竞争充分，公交运营企业的组织规模较小，灵活性高，能在竞争中获胜，从而提供高水平的服务。兼顾社会效益和市场收益的混合化运营方式会综合行政和市场等手段，引导已有的公交企业提供高质量的公交服务。目前，这种运营方式是由国有企业与民营企业共同合作提供公交服务，采用此种方式下的城市大多采用国有企业控股超过 50% 来主导企业的运营权，以此避免民营企业罢运等带来的社会风险。此种方式下，政府不再直接生产公交服务，而是通过事先达成的合同购买相关公交服务，政府通过实行企业准入机制、线路经营特许权、财政补贴机制、绩效考核机制、退出机制等来约束企业行为，为城市公共交通服务市场创造一定的竞争态势，以此来提高公交服务水平。

2. 政府管理方式

城市公共交通管理工作涉及诸多交叉管理部门，如交通、市政、公安、规划、建设、国土、城管、财政、物价、工商等部门，需要按照各自职责协同做好城市公共交通客运管理的有关监督管理工作。也就是说，城市公共交通的不同管理主体决定着城市公共交通的管理方式，管理主体不同效率会有所差异。目前，我国城市交通行业管理方式主要有以下三种：第一种是由交通、城建、市政、公安等部门对城市交通实施交叉管理方式。从这种方式的实施效果来看，由于部门管理职能交叉、分工不明确，可能导致政出多门、政令冲突等现象，这些现象不能及时有效地解决，势必会影响公交服务的效率。第二种是由交通部门对城乡道路运输实施一体化管理的方式。一体化管理较为普遍，该方式实现了交通部门对道路规划、建设和运输的统一管理，执行能力强于交叉管理方式。第三种是一城一交（一个城市设立一个综合交通管理机构）综合大交通行政管理方式。一城一交管理方式具有最强的宏观调控能力和执行能力，但过度集中的权力也可能导致效率降低。

（二）基于图效率的 SE-DEA-Gini 评价方法研究

为了有效避免传统 DEA 方法同时得到多个有效决策单元的问题，保证模型总存在可行解，提高传统 DEA 模型的判别能力，本书引入基于图效率的 SE-DEA 方法解决多个决策单元同为有效的情形，并保证了模型总存在可行解，并通过 Gini 方法对不同指标集引入客观的权重提升 DEA 模型的判别能力，解决了选择指标时重要程度不一致导致的困境。利用该方法对 19 个城市 2009~2014 年的公共交通面板数据进行分析，分别对不同运营方式和管理方式下的城市效率进行评价，得出了市场导向的多元化运营方式的效率要高于政府导向的垄断化和混合化运营，一体化管理方式下的城市公共交通绩效结果要优于其他两种管理方式。

（三）改进的博弈交叉效率评价方法研究

虽然交叉效率方法可对所有决策单元进行充分排序，而且能在不需要对权重约束施加事先约束的情况下消除 DEA 权重不现实的问题，但是，每个决策单元在确定交叉效率最优权重时存在任意性，选择某一组最优权重可能使其他决策单元受益，另一些决策单元受损，此时利用交叉效率方法进行评价和区分显然是不合理的。一些学者将博弈论方法引入 DEA 模型中，提出了博弈交叉效率方法，该方法即保持了交叉效率方法充分排序和不需要对权重约束施加事先信息等优点，又避免了决策单元之间最优权重选择的任意性，拓展了交叉效率方法的使用范围。但是，博弈交叉效率方法和交叉效率方法类似，所得效率结果也不能保证唯一性，导致区分决策单元的功效减弱，从而降低了评价方法的有效性，而且当决策单元数量增多时，迭代算法的收敛速度没有明显优势。为解决这一问题，本书在博弈交叉效率评价方法基础上，建立了改进的博弈交叉效率评价方法，并利用改进方法对我国 19 个城市 2009~2014 年的面板数据进行分析，对不同运营方式和管理方式下的城市公交效率进行评价，得出了市场导向的多元化运营方式的效率要高于政府导向的垄断化和混合化运营，一体化管理方式下的城市公共交通绩效结果要优于其他两种管理方式。

（四）绩效结果分析与对策建议

利用两种绩效评价方法本书得出了三个结论：城市公共交通绩效评价结果偏低，不同运营模式会影响城市公共交通绩效评价结果，市场导向的多元化运营方式的效率要高于政府导向的垄断化和混合化运营，一体化管理方式下的城市公共交通绩效结果要优于其他两种管理方式。针对以上分析结果，本书提出的对策建议包括确保公交优先战略的贯彻落实，引入市场竞争，建立高效的公共交通运营方式，制定职责明晰的城市公共交通管理方式。

二、研究展望

本书在运营模式视角下对城市公共交通绩效进行了评价，取得了一些研究成果，具有一定的理论价值和实践意义。由于自身学术水平和能力的限制，城市公共交通绩效评价研究还不完善，还存在一定的局限性，未来进一步的研究可以从以下四个方面进行展开。

（1）由于现阶段城市公共交通管理者提供的公开数据不包含政府提供的财政补贴、企业的成本收入以及使用者满意度等衡量公共交通绩效评价的统计数据，下一步的研究工作会集中于收集更加全面的城市公共交通宏观数据，更加详细地对不同运营方式和管理方式下的城市公共交通绩效评价进行分析，为城市管理者进行公共交通运营方式和管理方式改革提供更详细的依据。

（2）虽然本书提供的两种绩效评价方法有一定的通用性，但是考虑到某一特定类型的运营方式和管理方式城市样本数据较少，为了克服小样本量给研究结果带来的偏差影响，下一步的研究会集中于在样本量过少情况下构建绩效评价方法。

（3）本书在实证分析中选择的评价指标是从管理者和运营者角度展开的，缺少从使用者角度展开的评价指标，考虑获取使用者满意度的面板数据难度较大，本书进一步的研究可以从微观角度出发，着重开展对某一城市若干线路的研究，从管理者、运营者和使用者三者角度选择评价指标，得出微观层面的研究结论。

（4）城市公共交通绩效评价结果除受到人口规模的影响外，还有城市的公交政策、出行特征、道路特征等影响，本书的研究并没有将这些影响因素纳入考虑范畴。另外，为保证评价结果的稳健性、真实性和可比性，本书的样本城市选择数量较少，未来需要进一步研究这方面的内容。

参考文献

［1］Wang J. , Chi L. , Hu X. , & Zhou H. Urban traffic congestion pricing model with the consideration of carbon emissions cost ［J］. Sustainability, 2014, 6 （2）: 676-691.

［2］白竹, 王健, 胡晓伟. 城市出租车系统运营效率评价研究 ［J］. 交通运输系统工程与信息, 2014, 14 （3）: 227-233.

［3］李磊, 姚璇宇. 城市化进程中公共交通效率与影响因素研究 ［J］. 现代城市研究, 2015 （1）: 77-83.

［4］晁毓欣. 公共品政府供给绩效评价: 机理与运用 ［D］. 山东大学博士学位论文, 2011.

［5］Hassan M. N. , Hawas Y. E. , & Ahmed K. A multi-dimensional framework for evaluating the transit service performance ［J］. Transportation Research Part A Policy & Practice, 2013, 50: 47-61.

［6］Roy W. , Yvrande-Billon A. Ownership, contractual practices and technical efficiency: The case of urban public transport in France ［J］. Journal of Transport Economics and Policy, 2007, 41 （2）: 257-282.

［7］Ottoz E. , Fornengo G. , Di Giacomo M. The impact of ownership on the cost of bus service provision: An example from Italy ［J］. Applied Economics, 2009, 41 （3）: 337-349.

［8］ Boitani A. , Nicolini M. , Scarpa C. Do competition and ownership matter? Evidence from local public transport in Europe ［J］. Applied Economics, 2013, 45 (11): 1419-1434.

［9］ 王欢明, 诸大建. 我国城市公交服务治理模式与效率研究——以长三角城市群公交服务为例［J］. 公共管理学报, 2011, 8 (2): 52-62.

［10］ Perry J. L. , Babitsky T. T. Comparative performance in urban bus transit: Assessing privatization strategies ［J］. Public Administration Review, 1986 (5): 57-66.

［11］ Pina V. , Torres L. Analysis of the efficiency of local government services delivery. An application to urban public transport ［J］. Transportation Research Part A: Policy and Practice, 2001, 35 (10): 929-944.

［12］ Leland S. , Smirnova O. Does government structure matter? A comparative analysis of urban bus transit efficiency ［J］. Journal of Public Transportation, 2008, 11 (1): 4.

［13］ Leland S. , Smirnova O. Reassessing privatization strategies 25 years later: Revisiting Perry and Babitsky's comparative performance study of urban bus transit services ［J］. Public Administration Review, 2009, 69 (5): 855-867.

［14］ Manasan R. G. Mercado R. G. Governance and urban development: Case study of metro manila ［EB/OL］. 1999, http://core. ac. uk/download/pdf/ 7105185. pdf.

［15］ Oni S. I. Urban transportation at state and local government levels ［C］. The Sixth International Conference on Competition, 1999.

［16］ Potter S. Skinner M. J. On transport integration: A contribution to better understanding, Futures ［J］. Futures, 2000, 32 (3-4): 275-287.

［17］ Glover L. Integrated urban transport and distributed systems for urban mobility: A convergence of ideas in sustainable transport? ［C］. Australasian Transport Research Forum, 2012.

［18］ Spickermann A., Grienitz V., von der Gracht H. A. Heading towards a multimodal city of the future? Multi-stakeholder scenarios for urban mobility ［J］. Technological Forecasting and Social Change，2014，89：201-221.

［19］ 高峻. 基于整体性治理的中心城市交通管理体制创新——以深圳大交通管理体制改革为例 ［D］. 武汉大学博士学位论文，2011.

［20］ 莫露泉，刘毅，蓝相格. 城市公共交通运营管理 ［M］. 北京：机械工业出版社，2004.

［21］ 裘瑜，吴霖生. 城市公共交通运营管理实务 ［M］. 上海：上海交通大学出版社，2004.

［22］ 丁爱民. 中心城市"一城一交"管理模式 ［J］. 交通企业管理，2004（8）：44-45.

［23］ 李忠奎. 基于提供完整运输产品的中心城市交通管理体制改革研究 ［J］. 北京交通大学学报（社会科学版），2005，4（4）：1-5.

［24］ 文宏，张德宝. 当前我国交通行政管理体制改革的目标趋势 ［J］. 内蒙古农业大学学报（社会科学版），2008，10（4）：109-111.

［25］ 叶冬青. 城乡交通一体化管理模式与实施策略研究 ［C］. 中国城市交通规划年会，2011：269-274.

［26］ 姚跃，周溪召，肖敏. 我国大中城市公共交通可持续优先发展的软环境分析 ［J］. 对外经贸，2014（2）：117-119.

［27］ Giuliano G. Effect of environmental factors on the efficiency of public transit service ［J］. Transportation Research Record，1981，797：11-16.

［28］ Vaziri M., Deacon J. A. Peer comparisons in transit performance evaluation ［J］. Transportation Research Record，1984，961：13-21.

［29］ De Borger B., Kerstens K., & Costa A. Public transit performance：What does one learn from frontier studies? ［J］. Transport Reviews，2002，22（1）：1-38.

［30］ Brons M., Nijkamp P., Pels E., & Rietveld P. Efficiency of urban public transit: A meta analysis ［J］. Transportation, 2005, 32 (1): 1-21.

［31］ Chu X., Fielding G. J, & Lamar B. W. Measuring transit performance using data envelopment analysis ［J］. Transportation Research Part A: Policy and Practice, 1992, 26 (3): 223-230.

［32］ Fielding G. J., Glauthier R. E., & Lave C. A. Performance indicators for transit management ［J］. Transportation, 1978, 7 (4): 365-379.

［33］ Keck C. A., Zerrillo R. J., & Schneider N. R. Development of multimodal performance measures for transit systems in New York state ［J］. Transportation, 1980, 9 (4): 355-367.

［34］ Khan A. M. Urban public transit efficiency: Economic and energy factors ［J］. Journal of Advanced Transportation, 1981, 15 (3): 213-230.

［35］ Dajani J. S., Gilbert G. Measuring the performance of transit systems ［J］. Transportation Planning and Technology, 1978, 4 (2): 97-103.

［36］ TCRP: A summary of TCRP report: A guidebook for developing a transit performance-measurement system ［EB/OL］. Transportation Research Board, Washington, D. C., 2003.

［37］ Yeh C. H., Deng H., & Chang Y. H. Fuzzy multicriteria analysis for performance evaluation of bus companies ［J］. European Journal of Operational Research, 2000, 126 (3): 459-473.

［38］ 张春勤，隽志才，刘志凯. 公共交通服务绩效评价研究综述 ［J］. 计算机应用研究, 2015, 32 (1): 1-5, 34.

［39］ Allen W. G., & DiCesare F. Transit Service evaluation: Preliminary identification of variables characterizing level of service ［J］. Transportation Research Record, 1976, 606: 41-47.

［40］ Fielding G. J., Babitsky T. T., & Brenner M. E. Performance evaluation for bus transit ［J］. Transportation Research Part A: General, 1985, 19 (1): 73-82.

[41] McCrosson D. F. Choosing performance indicators for small transit systems [J]. Transportation Engineering, 1978, 48 (3): 26-30.

[42] Barbour L. C. , & Zerrillo R. J. Transit performance in New York state [J]. Transportation Research Record, 1982, 857: 18-25.

[43] Mackie P. , Nash C. Efficiency and performance indicators: The case of the bus industry [J]. Public Money, 1982, 2 (3): 41-44.

[44] Vaziri M. and Deacon J. A. Peer comparisons in transit performance evaluation [J]. Transportation Research Record, 1984, 961: 13-21.

[45] Talley W. K. An economic theory of the public transit firm [J]. Transportation Research B, 1988, 22B (1): 45-54.

[46] Fielding G. J. , Hanson L. Determinants of superior performance in public transit: Research opportunities using Section 15 data [J]. Transportation Research Record, 1988, 1165: 94-98.

[47] Lee D. Transit cost and performance measurement [J]. Transport Reviews, 1989, 9 (2): 147-170.

[48] Lem L. L. , Li J. L. , Wachs M. Comprehensive transit performance indicators [EB/OL]. The University of California Transportation Center, Nerkeley, California, 1994.

[49] Austin J. J. A. , Stone T. J. The application of statistical control measures to transit performance indicators [J]. Journal of Advanced Transportation, 1980, 14 (3): 213-236.

[50] Fielding G. J. , Lyons W. M. Performance evaluation for discretionary grant transit programs [J]. Transportation Research Record, 1981, 797: 34-40.

[51] Musso A. , Vuchic V. R. Characteristics of metro networks and methodology for their evaluation [J]. Transportation Research Record, 1988, 1162: 22-33.

[52] Benn H. P. Bus route evaluation standards [J]. Tcrp Synthesis of Transit Practice, 1995.

［53］王欢明，诸大建．基于效率、回应性、公平的公共服务绩效评价［J］．软科学，2010，24（7）：1-5.

［54］王海燕，唐润，于荣，郑继嫒．城市公交行业绩效评价体系研究［J］．中国工业经济，2011（3）：68-77.

［55］Iles R. Public transport in developing countries［M］. NL：Emerald Group Publishing Ltd，2005.

［56］Ceder A. Public transit planning and operation：Theory，patternling and practice［M］. Elsevier，Butterworth-Heinemann，2007.

［57］Sheth C，Triantis K，& Teodorović D. Performance evaluation of bus routes：A provider and passenger perspective［J］. Transportation Research Part E：Logistics and Transportation Review，2007，43（4）：453-478.

［58］Talley W. K.，Becker A. J. A single measure for evaluating public transit systems［J］. Transportation Quarterly，1982，36（3）：423-431.

［59］成曦，王炜，任刚，易富君．集成模糊评价和层次分析法的大城市公交系统综合评价研究［J］．城市公共交通，2009（2）：25-29.

［60］Karlaftis M. G. A DEA approach for evaluating the efficiency and effectiveness of urban transit systems［J］. European Journal of Operational Research，2004，152（2）：354-364.

［61］Sánchez G. I. M. Technical and scale efficiency in Spanish urban transport：estimating with data envelopment analysis［J］. Advances in Operations Research，2009（4）：1-15.

［62］Lao Y.，Liu L. Performance evaluation of bus lines with data envelopment analysis and geographic information systems［J］. Computers，Environment and Urban Systems，2009，33（4）：247-255.

［63］韩艺，葛芳，张国伍．城市公共交通公司相对有效性分析与效用评价［J］．系统工程理论与实践，2001（3）：96-101.

［64］严亚丹，过秀成，叶茂．基于BCC模型的常规公交线路绩效评估方法

[J]．交通运输系统工程与信息，2010，10（4）：143-147.

［65］Hawas Y. E.，Khan M. B.，& Basu N. Evaluating and enhancing the operational performance of public bus systems using GIS-based data envelopment analysis [J]．Journal of Public Transportation，2012，15（2）：19-44.

［66］王海燕，于荣，郑继媛，唐润．DEA-Gini 准则在城市公共交通企业绩效评价中的应用［J］．系统工程理论与实践，2012，32（5）：1083-1090.

［67］Alter C. A. Evaluation of public transit services：The level-of-service concept［J］．Transportation Research Record，1976，606：37-40.

［68］Sterman B. P.，Schofer J. L. Factors affecting reliability of urban bus services［J］．Transportation Engineering Journal，1976，102（TE1）：147-159.

［69］Buneman K. Automated and passenger-based transit performance measures [J]．Transportation Research Record，1984，992：23-28.

［70］Seco A. J. M.，Goncalves J. H. G. The quality of public transport：Relative importance of different performance indicators and their potential to explain modal choice [J]．In：Urban Transport XIII：Urban Transport and the Environment in the 21st Century（C. A. Brebbia，ed.），2007：313-325，WIT Press，Ashurst，Southampton，UK.

［71］Henderson G.，Kwong P.，& Adkins H. Regularity indices for evaluating transit performance［J］．Transportation Research Record，1991，1297：3-9.

［72］Nakanishi Y. Bus performance indicators-On-time performance and service regularity［J］．Transportation Research Record，1997，1571：3-13.

［73］Camus R.，Longo G.，Macorini C. Estimation of transit reliability level-of-service based on automatic vehicle location data［J］．Transportation Research Record：Journal of the Transportation Research Board，2005，1927（1）：277-286.

［74］Chen X.，Yu L.，Zhang Y.，& Guo J. Analyzing urban bus service reliability at the stop，route，and network levels［J］．Transportation Research A，2009，43（8）：722-734.

［75］Nathanail E. Measuring the quality of service for passengers on the Hellenic railways ［J］. Transportation Research Part A Policy & Practice, 2008, 42: 48-66.

［76］Zak J. The methodology of multiple criteria decision making/aiding in public transportation ［J］. Journal of Advanced Transportation, 2010, 45: 1-20.

［77］Ramani T. L., Zietsman J., Knowles W. E., & Quadrifoglio L. Sustainability enhancement tool for state departments of transportation using performance measurement ［J］. Journal of Transportation Engineering, 2011, 137 (6): 371-435.

［78］Botzow H. Level - of - service concept for evaluating public transport ［J］. Transportation Research Record, 1974, 519: 73-84.

［79］Ryus P., Ausman J., Teaf D., Cooper M., & Knoblauch M. Development of Florida's transit level-of-service indicator ［J］. Transportation Research Record, 2000, 1731: 123-129.

［80］Polzin S. E., Pendyala R. M., & Navari S. Development of time-of-day-based transit accessibility analysis tool ［J］. Transportation Research Record, 2002, 1799: 35-41.

［81］Yin Y., Lam W. H. K., & Miller M. A. A simulation-based reliability assessment approach for congested transit network ［J］. Journal of Advanced Transportation, 2004, 38 (1): 27-44.

［82］Lam T. N., & Schuler H. J. Connectivity index for system wide transit route and schedule performance ［J］. Transportation Research Record, 1982, 854: 17-23.

［83］Bhat C. R., Guo J. Y., Sen S., & Weston L. Measuring access to public transportation services: Review of customer-oriented transit performance measures and methods of transit submarket identification ［R］. The University of Texas at Austin, 2005.

［84］武荣桢, 翟栋栋, 郗恩崇, 李丽. 城市公共交通服务满意度评价模型

[J].交通运输工程学报,2009,9(4):66-70.

[85] Niyonsenga D. Assessing public transport supply for kigali, rwanda [R].2012.

[86] Seiford L. M., Thrall R. M. Recent developments in DEA, The mathematical programming approach to frontier analysis [J].Journal of Econometrics,1990, 46(1):7-38.

[87] 符韦苇,靳文舟.基于 DEA 模型的城市公交系统模糊综合评价 [J]. 武汉理工大学学报,2010,32(18):157-160.

[88] 严海,王熙蕊,梁文博,孔令鹏.基于结构方程模型的通勤交通方式 选择交通方式选择 [J].北京工业大学学报,2015,41(4):590-596.

[89] 胡晓伟,王健,王雷.城市客运交通运营者经济决策双层规划模型 [J].哈尔滨工业大学学报,2014,46(12):59-64.

[90] An S., Hu X., Wang J. A cumulative prospect theory approach to car owner mode choice behaviour prediction [J].Transport,2014,29(4):386-394.

[91] 季珏,高晓路,刘星辰.城市交通效率的多目标评价方法研究 [J]. 地理科学进展,2016,35(1):118-125.

[92] 朱伟权,杨晓光,滕靖.基于数据包络分析和随机前沿分析的公交线 路绩效的外部运营环境影响分析 [J].吉林大学学报(工学版),2013,43 (5):1215-1221.

[93] 胡晓伟,魏艳波.基于 DEA 的寒区城市冬季公交线路服务满意度评价 [J].北京工业大学学报,2015,41(10):1566-1573.

[94] 章玉,黄承锋,许茂增.中国城市公共交通的效率研究——基于三阶 段 DEA 模型的分析 [J].交通运输系统工程与信息,2016,16(1):32-37.

[95] Andersen P., Petersen N. C. A procedure for ranking efficient units in data envelopment analysis [J].Management Science,1993,39(10):1261-1264.

[96] Mehrabian S., Alirezaee M. R., & Jahanshahloo G. R. A complete efficiency ranking of decision making uints in data envelopment analysis [J].Computa-

tional Optimization and Applications, 1999, 14: 261-266.

［97］Seiford L. M. , Zhu J. Infeasibility of super-efficiency data envelopment a-nalysis patternls ［J］. Infor-Information Systems and Operational Research, 1999, 37 (2): 174-187.

［98］Tone K. A slacks-based measure of super-efficiency in data envelopment a-nalysis ［J］. European Journal of Operational Research, 2002, 143 (1): 32-41.

［99］Lovell C. A. K. , Rouse A. P. B. Equivalent standard DEA patternls to pro-vide super-efficieney scores ［J］. Joumal of the Operational Research Society, 2003, 54: 101-108.

［100］Ray S. C. , The directional distance function and measurement of super-efficieney: An application to airlines data ［J］. Joumal of the Operational Researeh Society, 2008, 59: 788-797.

［101］Chen Y. Ranking efficient units in DEA ［J］. Omega, 2004, 32: 213-219.

［102］Chen Y. Measuring super-efficiency in DEA in the presence of infeasibility ［J］. European Journal of Operational Research, 2005, 161 (2): 545-551.

［103］Jahanshahloo G. R. , Lotfi F. H. , Shoja N. , Tohidi G. and Razavyan S. Ranking using l1-norm in data envelopment analysis ［J］. Applied Mathematies and Computation, 2004, 153: 215-224.

［104］Amirteimoori A. , Jahanshahloo G. and Kordrostami S. Ranking of decision making units in data envelopment analysis: A distance-based approach ［J］. Applied Mathematics and Computation, 2005, 171: 122-135.

［105］Jahanshahloo G. R. , Pourkarimi L. , & Zarepisheh M. Modified MAJ pat-ternl for ranking decision making units in data envelopment analysis ［J］. Applied Mathematies and Computation, 2006, 174: 1054-1059.

［106］Li S. , Jahanshahloo G. R. , Khodabakhshi M. A super-efficiency patternl for ranking efficient units in data envelopment analysis ［J］. Applied Mathematics and

Computation，2007，184（2）：638-648.

［107］Khodabakhshi M. A super-efficiency patternl based on improved outputs in data envelopment analysis［J］. Applied Mathematics and Computation，2007，184：695-703.

［108］Khodabakhshi M.，Asgharian M.，& Gregoriou G. N. An input-oriented super-efficieney measure in stochastic data envelopment analysis：Evaluating chief executive offieers of US public banks and thrifts［J］. Expert Systems with Applications，2010，37：2092-2097.

［109］张春勤，隽志才，景鹏. 公交企业运营绩效的信息熵与 SE-DEA 组合评价方法［J］. 工业工程与管理，2015，20（1）：146-153.

［110］Banker R. D.，Das S.，& Datar S. M. Analysis of cost variances for management control in hospitals［J］. Research in Governmental and Nonprofit Accounting，1989（5）：268-291.

［111］匡海波. 基于超效率 CCR-DEA 的中国港口上市公司成本效率评价研究［J］. 中国管理科学，2007，15（3）：142-148.

［112］赵翔. 银行分支机构效率测度及影响因素分析——基于超效率 DEA 与 Tobit 模型的实证研究［J］. 经济科学，2011（1）：85-96.

［113］蒋萍，王勇. 全口径中国文化产业投入产出效率研究——基于三阶段 DEA 模型和超效率 DEA 模型的分析［J］. 数量经济技术经济研究，2011（12）：69-81.

［114］杨力，王舒鸿，吴杰. 基于集成超效率 DEA 模型的煤炭企业生产效率分析［J］. 中国软科学，2011（3）：169-176.

［115］陈志宗，尤建新. 基于超效率 Context-Dependence DEA 模型的供应商评价［J］. 工业工程与管理，2013，18（5）：6-12.

［116］Sexton T. R.，Silkman R. H.，Hogan A. J. Data envelopment analysis：Critique and extensions［J］. New Directions for Program Evaluation，1986，32：73-105.

［117］Doly J. , Green R. Efficiency and cross−efficiency in DEA: Derivations, meanings and uses ［J］. Journal of the Operations Research Society, 1994, 45 (5): 567−578.

［118］Adler N. , Friedman L. , Sinuany−Stern S. Z. Review of ranking methods in the data envelopment analysis context ［J］. European Journal of Operational Research, 2002, 140 (2): 249−265.

［119］Liang L. , Wu J. , Cook W. D. , & Zhu J. Alternative secondary goals in DEA cross−efficiency evaluation ［J］. International Journal of Production Economics, 2008, 113: 1025−1030.

［120］Wang Y. M. , Chin K. S. Some alternative patternls for DEA cross−efficiency evaluation ［J］. International Journal of Production Economics, 2010, 128: 332−338.

［121］Wang Y. M. , Chin K. S. A neutral DEA patternl for cross−efficiency evaluation and its extension ［J］. Expert Systems with Applications, 2010, 37 (5): 3666−3675.

［122］Lim S. Minimax and maximin formulations of cross efficiency in DEA ［J］. Computers & Industrial Engineering, 2012, 62: 726−731.

［123］Liang L. , Wu J. , Cook W. D. , Zhu J. The DEA game cross−efficiency patternl and its Nash equilibrium ［J］. Operations Research, 2008, 56 (5): 1278−1288.

［124］Wu J. , Liang L. , Zha Y. C. Determination of the weights of ultimate cross efficiency based on the solution of nucleolus in cooperative game ［J］. Systems Engineering−Theory & Practice, 2008, 28 (5): 92−97.

［125］Wu J. , Liang L. , Chen Y. DEA game cross−efficiency approach to Olympic rankings ［J］. Omega, 2009, 37: 909−918.

［126］Wang Y. M. , Luo Y. On rank reversal in decision analysis ［J］. Mathematical and Computer Patternlling, 2009, 49 (5−6): 1221−1229.

［127］Wang Y. M. , Chin K. S. , Wang S. DEA patternls for minimizing weight disparity in cross-efficiency evaluation ［J］. Journal of the Operational Research Society, 2012, 63: 1079-1088.

［128］Lam K. F. In the determination of weight sets to compute cross-efficiency rations in DEA ［J］. Journal of the Operational Research Society, 2010, 61: 134-143.

［129］Ramon N. , Ruiz J. L. , Sirvent I. On the choice of weights profiles in cross-efficiency evaluations ［J］. European Journal of Operational Research, 2010, 207: 1564-1572.

［130］王金祥. 基于超效率 DEA 模型的交叉效率评价方法 ［J］. 系统工程, 2009, 27（6）: 115-118.

［131］王科, 魏法杰. 三参数区间交叉效率 DEA 评价方法 ［J］. 工业工程, 2010, 13（2）: 19-22.

［132］唐林兵, 谭清美, 吴杰. 一种新的交叉效率保序方法研究——与纳什讨价还价交叉效率保序方法的比较 ［J］. 华东经济管理, 2013（1）: 174-176.

［133］Shang J. , Sueyoshi T. A unified framework for the selection of a flexible manufacturing system ［J］. European Journal of Operational Research, 1995, 85: 297-315.

［134］Charnes A. , Cooper W. W. , Golany B. , Seiford L. , & Stutz J. Foundations of data envelopment analysis for Pareto-Koopmans efficient empirical production functions ［J］. Journal of Econometrics, 1985, 30（1-2）: 91-107.

［135］Torgersen A. M. , Forsund F. R. , & Kittelsen S. A. C. Slack-adjusted efficieney measures and ranking of effieient units ［J］. The Journal of Productivity Analysis, 1996, 7: 379-398.

［136］Sinuany-Stern Z. , Mehrez A. , & Barbo A. Academic departments efficiency via data envelopment analysis ［J］. Computers and Operations Research, 1994, 21: 543-556.

［137］Jahanshallloo G. R. , Junior H. V. , Lotfi F. H. , & Akbarian D. , A new DEA ranking system based on changing the reference set ［J］. European Journal of Operational Research, 2007, 181: 331-337.

［138］Koksalan M. , & Tuncer C. A DEA-based approach to ranking multi-criteria alternatives ［J］. International Journal of Information Technology & Decision Making, 2009, 8: 29-54.

［139］Friedman L. , Sinuany-Stern S. Z. Scaling units via the canonical correlation analysis in the DEA context ［J］. European Journal of Operational Research, 1997, 100 （3）: 629-637.

［140］Sinuany-Stern S. Z. , Friedman L. DEA and the discriminant analysis of ratios for ranking units ［J］. European Journal of Operational Research, 1998, 111 （3）: 470-478.

［141］Sinuany-Stern S. Z. , Mehrez A. , Hadad Y. An AHP/DEA methodology for ranking decision making units ［J］. International Transactions in Operational Research, 2000, 7 （2）: 109-124.

［142］Wu D. D. , Yang Z. , & Liang L. Using DEA-neural network approach to evaluate branch efficiency of a large Canadian bank ［J］. Expert Systems with Applications, 2006, 31: 108-115.

［143］Wang Y. M. , Liu J. , & Elhag T. M. S. An integrated AHP-DEA methodology for bridge risk assessment ［J］. Computers & Industrial Engineering, 2008, 54: 513-525.

［144］Wang Y. M. , Luo Y. DEA efficiency assessment using ideal and anti-ideal decision making units ［J］. Applied Mathematics and Computation, 2006, 173: 902-915.

［145］Golany B. , Yu G. Estimating returns to scale in DEA ［J］. European Journal of Operational Research, 1997, 103: 28-37.

［146］Zhu J. Data envelopment analysis with preference structure ［J］. Journal of the Operational Research Society, 1996, 47: 136-150.

［147］ Cook W. D. , Kress M. , & Seiford L. M. On the use of ordinal data in data envelopment analysis ［J］. Journal of the Operational Researeh Society, 1993, 44: 133-140.

［148］ Cook W. D. , Kress M. , & Seiford L. M. Data envelopment analysis in the present of both quantitative and qualitative factors ［J］. Joumal of the Operational Research Soeiety, 1996, 47: 945-953.

［149］ Green R. H. , Doyle J. R. , & Cook W. D. Preference voting and project ranking using data envelopment analysis and cross-evaluation ［J］. European Journal of Operational Research, 1996, 90: 461-472.

［150］ Thompson R. G. , Singleton Jr. F. D. , Smith B. A. , & Thlall R. M. Comparative site evaluations for locating a high-energy lab in Texas ［J］. Interfaees, 1986, 16: 35-49.

［151］ Wang Y. M. , Luo Y. , & Liang L. Ranking decision making units by imposing a minimum weight restriction in the data envelopment analysisp ［J］. Journal of Computational and Applied Mathematies, 2009, 223: 469-484.

［152］ Seiford L. M. , & Zhu J. Context-dependent data envelopment analysis: Measuring attractiveness and progress ［J］. Omega, 2003, 31: 397-408.

［153］ Morita H. , Hirokawa K. , & Zhu J. A slack-based measure of efficiency in context-dependent data envelopment analysis ［J］. Omega, 2005, 33: 357-362.

［154］ Chen Y. , Morita H. , & Zhu J. Context-dependent DEA with an application to Tokyo public libraries ［J］. International Journal of Information Technology & Decision Making, 2005, 3: 385-394.

［155］ Ulucan A. , Atici K. B. Efficiency evaluations with context-dependent and measure-specific data envelopment approaches: An application in a World Bank supported project ［J］. Omega, 2010, 38 (1-2): 68-83.

［156］ 中华人民共和国交通运输部. 交通运输部关于印发《公交都市考核

评价指标体系》的通知［Z］. 2013.

［157］Wei Q., Zhang J., Zhang X. An inverse DEA patternl for inputs/outputs estimate［J］. European Journal of Operational Research, 2000, 121 (1)：151-163.

［158］Zhu J. Quantitative patternls for performance evaluation and benchmarking data envelopment analysis with spreadsheets. International series in operations research & management science 51［C］. 2nd ed. Berlin：Springer, 2009.

［159］魏权龄. 数据包络分析［M］. 北京：科学出版社, 2006.

［160］Adler N., Liebert V., Yazhemsky E. Benchmarking airports from a managerial perspective［J］. Omega, 2013, 41 (2)：442-458.

［161］Banker R. D. Estimating the most productive scale size using data envelopment analysis［J］. Annals of Operation Research, 1984, 17 (1)：35-44.

［162］Banker R. D., Charnes A., Cooper W. W. Some patternls for estimating technical and scale inefficienciencies in data envelopment anylysis［J］. Management Science, 1984, 30 (9)：1078-1092.

［163］Yao C. Ranking efficient units in DEA［J］. The International Journal of Management Science, 2004, 32 (3)：213-219.

［164］Thrall R. M. Duality, classification and slack in data envelopment analysis［J］. Annals of Operation Research, 1996, 66 (2)：109-138.

［165］Zhu J. Super-efficiency and DEA sensitivity analysis［J］. European Journal of Operation Research, 2001, 129 (2)：443-455.

［166］Seiford L. M., Zhu J. Stability regions for maintaining efficiency in data envelopment analysis［J］. European Journal of Operation Research, 1998, 108 (1)：127-139.

［167］Ebadi S. Using a super efficiency patternl for ranking units in DEA［J］. Applien Mathematical Sciences, 2012, 41 (6)：2043-2048.

［168］吴德胜. 数据包络分析若干理论和方法研究［D］. 中国科学技术大学博士学位论文, 2006.

［169］Wu J. , Liang L. , Yang F. , & Yan H. Bargaining game patternl in the evaluation of decision making units ［J］. Expert Systems with Applications，2009，36：4357-4362.

［170］McNeil S. Comparing the efficiency of public transportation subunits using data envelopment analysis ［J］. Center for Urban Transportation Research，2007，10（2）：1-16.

［171］Michaelides P. G. , Belegri-Roboli A. , Marinos T. Evaluating the technical efficiency of trolley buses in athens，greece ［J］. Journal of Public Transportation，2010，13（4）：93-109.

［172］朱微微，赵定涛. 中国城市公共交通行业技术效率实证研究 ［J］. 运筹与管理，2007，16（2）：154-158.

［173］王亚华，吴凡，王争. 交通行业生产率变动的 Bootstrap-Malmquist 指数分析 ［J］. 经济学（季刊），2008，7（3）：891-912.

［174］Zhang C. Q. , Juan Z. C. , Luo Q. Y. , & Xiao G. N. Performance evaluation of public transit systems using a combined evaluation method ［J］. Transport Policy，2016，45：156-167.

［175］冯志军，陈伟. 中国高技术产业研发创新效率研究——基于资源约束型两阶段 DEA 模型的新视角 ［J］. 系统工程理论与实践，2014，34（5）：1202-1212.

［176］李春好，苏航，佟轶杰，孙永河. 基于理想决策单元参照求解策略的 DEA 交叉效率评价模型 ［J］. 中国管理科学，2015，23（2）：116-122.

［177］梁樑，吴杰. 区间 DEA 的一种改进的充分排序方法 ［J］. 系统工程，2006，24（1）：107-110.

［178］范建平，岳未顿，吴美琴. 基于误差传递和熵的区间 DEA 方法 ［J］. 系统工程理论与实践，2015，35（5）：1293-1303.

［179］梁樑，吴杰. 数据包络分析（DEA）的交叉效率研究进展与展望 ［J］. 中国科学技术大学学报，2013，43（11）：941-947.

［180］李学文，徐丽群．城市轨道交通效率评价——基于改进的博弈交叉效率方法［J］．系统工程理论与实践，2016，36（4）：973-980.

［181］Lu W. M. ，Lo S. F. A closer look at the economic-environmental disparities for regional development in China ［J］．European Journal of Operation Research，2007，183（2）：882-894.

［182］孙钰，王坤岩，姚晓东．基于 DEA 交叉效率模型的城市公共基础设施经济效益评价［J］．中国软科学，2015（1）：172-183.

［183］Wu J. ，Liang L. ，Zha Y. C. Preference voting and ranking using DEA game cross efficiency patternl ［J］．Journal of the Operations Research Society of Japan，2009，52（2）：105-111.

［184］Ma R. ，Yao L. F. ，Jin M. Z. ，Ren P. Y. The DEA game cross-efficiency patternl for supplier selection problem under competition ［J］．Applied Mathematics & In formation Sciences，Inf. Sci. 2014，8（2）：811-818.

［185］王美强，李勇军．输入输出具有模糊数的供应商评价——基于 DEA 博弈交叉效率方法［J］．工业工程与管理，2015，20（1）：95-99.